¡patchwork!

FOTOGRAFÍA DE PIA TRYDE

¡patchwork!

Cath Kidston®

BLUME

Introducción

¡Patchwork! es mi cuarto libro de costura. Como sabrá cualquiera que haya visitado mis tiendas, todos mis diseños constituyen una reinterpretación del pasado con un enfoque de la tradición más contemporáneo y colorido. Cuando empecé a explorar el fascinante mundo del *patchwork* y los retazos de tela, quedé asombrada ante las numerosas posibilidades que permite. Descubrí una enorme cantidad de ideas, y para el presente libro he creado más de treinta proyectos que aportan algo nuevo a estas técnicas tan versátiles.

El *patchwork* surgió como una labor para ahorrar en una época en que las telas nuevas escaseaban y eran caras, por lo que está muy en sintonía con el espíritu actual de sostenibilidad y reciclaje. Consiste simplemente en coser trozos de tela para crear un diseño más grande, y es una técnica que abarca desde coser meticulosamente diminutos rombos de seda a mano hasta elaborar un gran mantel con paños de cocina *vintage*. He disfrutado mucho experimentando con los distintos tamaños y tiempos de los proyectos, y mientras que algunos requerirán un puñado de relajantes horas, otros podrán finalizarse en tan solo una tarde.

El *appliqué* o la decoración con apliques tiene mucho que ver con el *patchwork* y, en lugar de coser diferentes trozos de tela, las formas recortadas se cosen o se usan como remiendos sobre otra tela o tejido. Siempre he sido una firme defensora de los arreglos domésticos, así que hasta he incluido algunas labores de remiendo, en concreto un sencillo cuadrado sobre la rodilla desgastada de un pantalón. Pero también he introducido técnicas más complejas, como el hermoso adorno de «círculos ocultos» utilizado en la bolsa para la colada, decorada a mano con apliques, de las págs. 58-61, y el intrincado puzle bordado del original cojín de retazos de las págs. 80-83.

Quería incluir algo para todos los gustos, así que sea cual sea su nivel de conocimientos, espero que encuentre un proyecto con el que disfrute. Mi primer trabajo de *patchwork* fue con patrones de papel, al estilo inglés, así que quizá la pelota con pentágonos para bebés de las págs. 96-99 o el acerico con hexágonos de las págs. 130-131 sean un buen punto de partida para la costura a mano. En cuanto al *patchwork* a máquina, hay una gran variedad de bonitas y prácticas bolsas, prendas adornadas y artículos para el hogar. Encontrará cojines de todos los tamaños y formas, dos colchas de tamaño completo, un panel de cortina y un cómodo puf confeccionado con mantas de tartán.

La emoción que siento al buscar tejidos *vintage* en mercadillos y rastros ha sido desde hace mucho uno de mis grandes placeres, y siempre me ha apasionado coleccionar retales. El *patchwork* es la forma ideal de utilizar todas estas cosas: las telas para camisas, los pañuelos de seda, las telas estampadas para vestidos, el algodón de primera calidad, el cutí y el lino bordado aparecen junto con mis propios estampados, y cuanto más ecléctica e inesperada sea la combinación de tejidos, tanto mejor será el resultado.

Mi propósito en este libro es ampliar los límites del *patchwork* tradicional y devolverlo a sus orígenes mediante la reutilización de tejidos de formas innovadoras. Busque entre sus retazos, hojee las páginas de este libro e inspírese.

Cath Kidston

Información básica

En esta introducción se incluyen todas las técnicas
de costura que necesitará para crear los proyectos,
junto con consejos y pistas para elegir los utensilios, usar
una máquina de coser y encontrar los tejidos, además
de un poco de información sobre las diversas técnicas
del *patchwork* y de la decoración con apliques.

Equipo esencial

Uno de los atractivos del *patchwork* y de la decoración con apliques es que no se necesitan utensilios especializados para empezar; tenga presente que todas esas fabulosas colchas de época se hicieron simplemente con tela, tijeras, hilo y una aguja o con una máquina de coser básica. Aquí tiene una guía rápida de las herramientas y los utensilios que necesitará para crear los proyectos de este libro, el kit de costura que aparece en cada proyecto.

SUJETAR CON ALFILERES Y COSER

Guarde las agujas para coser a mano en un libro portaalfileres con hojas de fieltro de modo que se puedan ver fácilmente, ya que en un acerico suelen desaparecer. Vienen en distintos grosores y longitudes, desde el grueso 1 hasta el delicado 10. Cada tamaño sirve para un propósito específico. Un juego para principiantes contendrá:

• Agujas largas para bordar o para el bordado Crewel, con ojos estrechos para el hilo de bordar trenzado.

• Agujas afiladas de longitud media para usos generales, con ojos pequeños y redondos para coser hilo.

• Agujas semilargas o para colchas, lo bastante finas como para atravesar varias capas de tela. También van bien para los parches de papel de estilo inglés, pero puede que resulten demasiado pequeñas para algunos «costureros».

Un imperdible grande o una aguja de jareta es útil para pasar cordones por frunces. Los imperdibles más pequeños siempre son útiles y van bien para sujetar capas de tejido. Los alfileres finos (0,6 mm) de acero para costureros son aptos para el algodón y otros tejidos finos, ya que no dejarán marcas, pero personalmente prefiero los alfileres con cabeza de vidrio ya que se ven bien, sobre todo en los tejidos de lana y en las telas estampadas. Guárdelos en un bote o en un acerico, pero tenga a mano un pequeño imán por si se extravían.

MEDIR Y MARCAR

Siempre hace falta una cinta métrica precisa y, si va a hacer colchas o cortinas, lo mejor es una extra larga. Utilice una regla de 15 cm para comprobar los márgenes de las costuras y los dobladillos. Lo único que necesita para trasladar los marcados y los contornos es un lápiz HB afilado, pero puede que prefiera utilizar un rotulador para tejidos. Use tiza de sastre o un lápiz de tiza sobre los tejidos con relieve o más oscuros.

RECORTAR

Compre las mejores tijeras de acero que se pueda permitir: le durarán toda la vida. Las tijeras de costura son preferibles para recortar formas grandes, pero unas tijeras pequeñas van mejor para los parches. Guarde unas para cortar papel, y nunca utilice las tijeras de costura para los patrones, ya que no tardarán en desafilarse. Las de bordar con puntas afiladas cortarán eficazmente las costuras y los hilos. La mayoría de las personas que hacen *patchwork* también cuentan con un cortador rotativo, una regla para bordadores de colchas y una plancha de corte; en las páginas siguientes encontrará más información sobre estas herramientas.

COSER E HILVANAR

Asegúrese de tener suficientes bobinas de hilo de color blanco y gris medio para ensamblar los distintos tejidos, así como un par de colores vivos para hilvanar de modo que puedan verse y descoserse fácilmente los puntos. El hilo de coser multiusos es útil para ensamblar a mano o a máquina. Viene en una amplia gama de colores: escoja un tono un poco más oscuro si no encuentra el mismo color que el del tejido. Asimismo, si compra una trenza de hilos, con hilos cortos entretejidos, siempre tendrá el color apropiado para sus pequeñas labores de costura.

VARIOS

Un kit de costura bien equipado contará con al menos un dedal, indispensable para evitar pinchazos. Las versiones de silicona se amoldan al dedo y son más fáciles de utilizar que los modelos tradicionales de metal. Los abridores de costuras tienen un aspecto desagradable con esas puntas afiladas, pero son imprescindibles para descoser puntos. Un quitapelusas es útil para eliminar hilos y trocitos de tejido. Y, por último, un bloque de cera de abeja para fortalecer los hilos le dará un agradable aroma a su kit de costura.

Recortar

Ya se esté preparando el lado delantero y trasero de la funda de un cojín o los retazos para una colcha, hacen falta medidas y cortes precisos para que su proyecto tenga un acabado profesional con todos los pedazos bien unidos.

PATRONES EN PAPEL

Si está haciendo una bolsa, un cojín o una funda de almohada, necesitará paños rectangulares de varios tamaños para las tiras, los refuerzos, el forro y las partes traseras, además de los elementos necesarios para el *patchwork* o la decoración con apliques. Las dimensiones de cada uno de los paños aparecen en la lista de «recortes» del proyecto. Cuando salen dos medidas para un trozo de tela rectangular, aparece siempre primero el ancho y después el largo. Traslade estas medidas a un patrón sobre papel para costureros, que cuenta con una cuadrícula de cuadrados de 1 cm, y, luego, corte por las líneas impresas. Sujete los patrones a las telas con alfileres y corte por el borde exterior con las tijeras más grandes. Cuando aparecen las medidas para retazos individuales, como en el caso de la cortina o del neceser, dibuje de la misma forma el patrón sobre papel cuadriculado con divisiones de 1 mm.

Si está haciendo una parte trasera grande para una colcha acabada, lo más fácil es extender la tela y sujetar la parte delantera de la colcha sobre ella y luego cortar por el borde. De este modo, podrá comprobar que las dos partes encajan perfectamente y no tendrá que medirlas.

PATRONES

En las págs. 156-160 encontrará los patrones necesarios para muchos de los proyectos de *patchwork* y de decoración con apliques, entre los que se incluyen varias formas geométricas junto con los pétalos utilizados para la bolsa y el cojín «plato de Dresde». Hay un perro de trapo decorado con apliques y un par de conejitos, además de la guía de bordado para la bolsa de las gallinas rojas.

Entre las formas geométricas se incluyen el pentágono de la pelota para bebés de las págs. 96-99, el hexágono para el acerico de las págs. 130-131 y el rombo para el bolsito de rombos de las págs. 46-49. Todos ellos se han elaborado utilizando la técnica inglesa de *patchwork*, que consiste en coser sobre patrones de papel.

La mejor manera de elaborar los diversos patrones es haciendo una fotocopia de la página sobre un cartón fino y luego recortar la forma deseada. Dibuje alrededor de la figura de cartón sobre un papel borrador y sobres viejos. Puede crear sus propios patrones en otros tamaños ajustando el tamaño en la impresora o con un sencillo programa de dibujo de un ordenador, o bien con un poco de geometría básica, una regla y un par de compases.

El patrón del jersey con conejito de las págs. 142-143 se ha concebido para una aplicación con plancha, así que lo único que tiene que hacer es trazar la silueta invertida sobre el lado de papel de la entretela termofusible. El adorno del conejito en la manta de las págs. 104-105 y el perro de la cama personalizada de las págs. 134-135 se han cosido sobre el fondo y, por lo tanto, no están invertidos. Trácelos sobre papel de cocina y corte alrededor de la línea de lápiz para crear los patrones.

EL SENTIDO DEL TEJIDO

Planche bien el tejido antes de recortar para evitar que queden arrugas. Un ligero toque de espray, de almidón o silicona, debería eliminar las más resistentes. Fíjese bien en la tela y verá que está formada por dos series de hilos entretejidos, perpendiculares entre sí, que se denominan «urdimbre» y «trama». La dirección en la que se encuentran se conoce como el «sentido» de la tela. Siempre deberá colocar los patrones de modo que los bordes rectos sean paralelos a una serie de hilos (en el sentido del tejido), pues, de lo contrario, los retazos se deformarán y quedarán tirantes una vez cosidos.

COLOCAR LOS RETAZOS

Si las telas estampadas cuentan con un diseño uniforme a pequeña escala, la colocación de los patrones no será importante ya que todos los retazos serán más o menos iguales. Sin embargo, si tienen rayas o cuadros, deberá tener más en cuenta su disposición para que uno de los bordes del retazo esté alineado con las rayas o los cuadros. Y si desea que los retazos sean simétricos o iguales, necesitará más tela.

Elija motivos aislados o ramitas de flores de entre diseños más grandes o florales, colocándolos en el centro de la tela, como con los retazos de seda con flores utilizados para el cojín de alcoba de las págs. 76-79 y los estampados infantiles de la pelota con pentágonos de las págs. 96-99. Si los hace todos iguales (técnica conocida como «corte preciso»), puede lograr unos efectos interesantes. Esto es precisamente lo que hice con el acerico con hexágonos, y puedo imaginarme perfectamente el efecto que tendría repetido a lo largo de una colcha.

Una vez preparados, guarde los retazos en bolsas con autocierre, listos para la costura. Y si se siente especialmente eficiente, puede etiquetarlos.

CORTE ROTATIVO

Esta innovación bastante nueva acelera el proceso de recorte, sobre todo cuando se trata de un proyecto grande, como el de la colcha de estrellas de las págs. 106-109 o el panel de cortina de las págs. 114-117. Asimismo, permite cortar varias capas de tela a un mismo tiempo. Se necesitan tres utensilios:

• Un cortador rotativo, que funciona como una rueda de pastelería muy afilada. Hay de distintos tipos y tamaños, pero todos tienen una cuchilla giratoria redonda con un mango. El mejor cortador para el *patchwork* es el que tiene una cuchilla de 45 mm de diámetro. Compruebe que se pueda retirar la cuchilla de forma segura para evitar accidentes y manéjela siempre con cuidado.

• Una regla para bordadores de colchas, de metacrilato transparente, con centímetros o pulgadas. La más grande, utilizada para paños y retazos muy grandes, es de 15 × 60 cm. La regla y un cuadrado de 15 cm marcado con un ángulo de 45° (para triángulos) será todo cuanto necesite. Pegue pequeñas tiras de papel de lija en la parte de atrás de la regla para que no patine.

• Una plancha de corte con una superficie de plástico y acción autorreparadora. Si tiene espacio, elija una que cubra la superficie de una mesa: a la larga es una inversión que merece la pena.

Hay dos formas de emplear un cortador rotativo, y es una buena idea practicar primero con algunos trozos de tela sobrantes para llegar a dominar la técnica. En el caso de los paños y los retazos más grandes, coloque las telas sobre la plancha y alinee la regla con la cuadrícula de la plancha. Sostenga la cuchilla del cortador en posición vertical junto a la regla, y luego, presione firmemente y deslícela en dirección

opuesta a usted. Repita la operación con los otros tres lados, marcando con la regla la distancia requerida.

También puede utilizar la regla para medir los retazos. Alinee una de las esquinas con el sentido del tejido y corte por estos dos bordes. Gire la regla de modo que las líneas que indican el tamaño requerido estén alineadas con los bordes cortados y, a continuación, corte la tela por estos dos lados.

La máquina de coser

Solo algunos de los proyectos de *¡Patchwork!* se han cosido completamente a mano; en todos los demás hay que coser a máquina, ya sea para juntar retazos, coser la parte trasera de un cojín o hacer una bolsa o una funda de almohada. Si no tiene mucha experiencia, no deje que esto le desaliente. No hacen falta elevados conocimientos técnicos para ninguno de los proyectos, y solo aparece una costura curvada en todo el libro; todos los demás proyectos incluyen costuras y dobladillos rectos y sencillos. Aprenderá cómo hacerlos en las siguientes páginas.

ELEGIR UNA MÁQUINA

Algunos creadores de *patchwork* prefieren utilizar las antiguas máquinas de coser manuales por su precisión y el ritmo lento que se produce al girar la manivela. La costura recta básica de una antigua Singer es lo único que necesita para juntar retazos.

Las máquinas modernas, sin embargo, cuentan con una aguja oscilante que se mueve de lado a lado, cosiendo en zigzag y sobrehilando, lo cual es útil para arreglar y reforzar costuras vistas, así como para los bordes de los apliques. Las demás funciones que pueda tener no son imprescindibles, así que si va a comprar su primera máquina, no vale la pena gastar de más en un modelo digital que se pueda conectar a un ordenador. Una máquina de coser sólida para principiantes (nunca la más barata, ya que no suele servir para tejidos gruesos) le servirá para empezar, y siempre puede comprar una mejor si decide coser a menudo.

LOS DETALLES TÉCNICOS

Todas las máquinas de coser tienen el mismo principio de funcionamiento: unir dos hilos, cada uno a un lado del tejido, para crear puntos. La bobina superior se enhebra tensionándola por el brazo y, después, pasándola por la aguja. El hilo inferior se enrolla en una pequeña bobina que se encuentra en una caja en la base de la máquina. Asegúrese de leer bien el manual del fabricante para poder sacarle más partido a la máquina y familiarizarse con algunos de los términos técnicos.

Estas son los cuatro componentes principales que deberá conocer:

• El prensatelas, como su nombre indica, sujeta los tejidos mientras pasan por debajo de la aguja. Funciona mediante una pequeña palanca que lo sube y lo baja. Siempre deberá bajar la palanca antes de empezar a coser y tendrá que cambiar la presión (en el manual podrá ver cómo) cuando vaya a coser tejidos más gruesos, como por ejemplo la manta empleada en la cama para perros. Las máquinas de coser vienen con varios pies, pero para todas sus costuras únicamente necesitará el pie básico, mientras que para colocar una cremallera o coser ribetes tendrá que utilizar el pie para cremalleras.

• El extremo superior de la aguja de la máquina está unida al brazo, y el hilo superior pasa por un agujero en su punta. Al igual que las agujas de coser, vienen en diferentes tamaños y un «70-80» universal servirá para trabajar con tejidos de algodón. Tendrá que ajustar la posición de la aguja cuando el pie para cremalleras esté en su sitio.

• La palanca de retroceso es muy útil, pues permite hacer puntadas hacia atrás tanto al principio como al final de la costura. Esto evita que el hilo se desenrede y ayuda a reforzar las costuras.

• La plancha de aguja tiene un agujero pequeño por donde pasa la aguja para recoger el hilo inferior. Lleva grabadas una serie de líneas paralelas que pueden adivinarse en la fotografía de la página siguiente. Los números de la plancha indican la distancia entre dicha aguja y la línea en milímetros o, en otras palabras, la anchura del margen de la costura.

CUIDADOS PARA LA MÁQUINA DE COSER

Para que la máquina funcione correctamente, se requiere un poco de mantenimiento regular. Guárdela siempre en su funda o en un guardapolvo y dele aceite de vez en cuando, siguiendo las instrucciones del manual del fabricante. Elimine la pelusa y el polvo de la caja de la bobina con el pequeño cepillo que viene con la máquina. Conviene cambiar la aguja con frecuencia, ya que con el uso se desafila y esto hace que los puntos salgan irregulares.

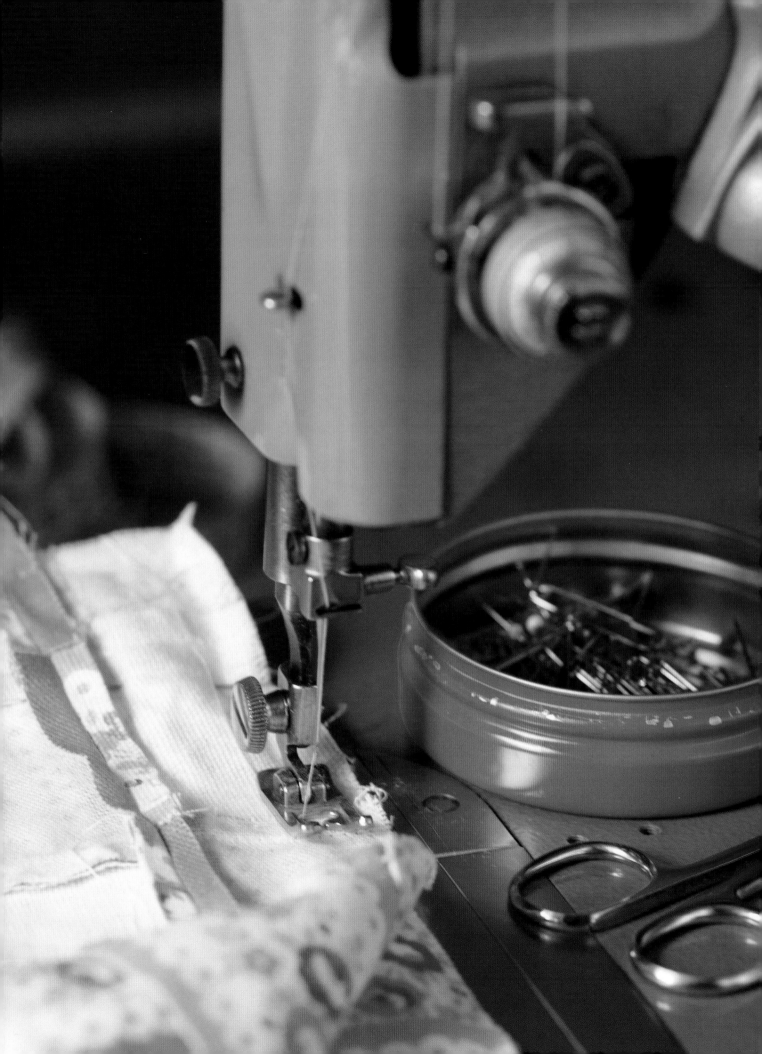

Técnicas básicas de costura

Todas las técnicas, tanto de *patchwork* como de decoración con apliques, de la sección «Proyectos» se explican detalladamente e incluyen ilustraciones paso a paso. He aquí una guía rápida con las técnicas básicas de costura y acabado que necesitará para llevar a cabo los proyectos.

COSTURAS

Ya esté uniendo dos pequeños cuadrados de tela o la parte delantera y trasera de una funda de almohada, la técnica básica de costura es la misma. En los trozos de tela más grandes quizá tenga que arreglar los bordes con puntos en zigzag o sobrehilados. Sujete con alfileres los dos trozos de tela con sus lados derechos uno frente al otro y los bordes deshilachados y las esquinas alineadas. Luego, si lo desea, puede hilvanar telas más grandes, uniéndolas con una costura de puntadas largas; retire los alfileres a medida que vaya avanzando.

COSTURA RECTA

Cosa con el margen de costura indicado, utilizando el lado del pie o las líneas de la base para medir la distancia entre la aguja y el borde. Abra el margen de costura, como en la imagen, o presione sobre ambos lados, a la derecha o la izquierda, según las instrucciones. Esto es muy importante cuando se trata de unir trozos de tela. Unos cuantos puntos en la dirección opuesta en cada extremo refuerzan la costura.

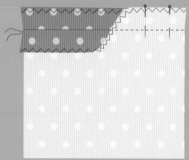

COSTURA DE ESQUINAS

Cuando llegue a una esquina, deje la aguja en el tejido y levante la palanca del prensatelas. Gire el tejido y cosa por el otro borde. Recorte el margen de costura dejando 3 mm de los puntos, vuelva a girar el tejido y dele forma a la esquina con un lápiz desafilado.

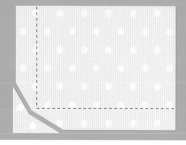

COSTURA CURVA

Solo hay una costura curva en este libro, pero como se trata de la oreja del perro, es importante... En una curva exterior hay que reducir la cantidad de tela en el margen de costura para que la costura quede plana. Esto se logrará haciendo una serie de pequeños cortes en V a 2 mm de los puntos, alrededor de la curva.

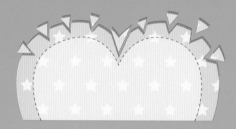

CERRAR UNA ABERTURA

Cuando esté haciendo un muñeco de peluche o un acerico, tendrá que dejar una abertura en la costura para poder colocar el relleno. Doble hacia atrás ambos lados del margen de costura y, antes de darles la vuelta, introduzca el relleno. A continuación sujete con alfileres los dos bordes y cosa con puntadas invisibles, pasando la aguja por los pliegues para lograr un acabado bonito.

DOBLADILLOS

Un borde deshilachado puede arreglarse o bien doblándolo y cosiendo el doblez, como con la parte superior de la bolsa «plato de Dresde» de las págs. 66-69, o bien cubriéndolo con una tira estrecha al bies para darle un toque más decorativo, como con la bolsa para la colada con círculos de las págs. 58-61.

DOBLADILLO SENCILLO

Remate el borde del tejido si así se indica. Con el tejido del revés, doble el borde hacia atrás hasta la profundidad requerida. A veces, lo único que tendrá que hacer a continuación es presionarlo hacia abajo, o quizá deberá coser a máquina justo debajo del zigzag.

DOBLADILLO DOBLE

Doble hasta la medida indicada y planche el primer doblez y luego haga un segundo doblez igual que el primero o un poco más profundo. Sujételos con alfileres e hilvánelos. Cosa a máquina cerca del doblez interior o a mano con puntadas invisibles.

DOBLADILLO RIBETEADO

He ribeteado a mano el borde superior de la bolsa para la colada de las págs. 58-61 de modo que haga juego con el aplique y porque es menos complicado... Planche suavemente el ribete por la mitad, dóblelo sobre el primer borde e hilvánelo. Cuando llegue a una esquina, dóblelo sobre el siguiente borde, formando una esquina en inglete con la tela sobrante. Cosa el dobladillo con puntadas pequeñas con hilo a juego y clavando la aguja de un lado a otro para coser los dos bordes doblados a la vez.

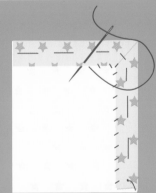

ASAS

En lugar de emplear cincha, como hice con el bolso bandolera de *tweed* de las págs. 38-41 y el tope para puertas de las págs. 120-123, para hacer asas de tela se puede utilizar este método. Corte una tira de tela de forma que tenga una anchura dos veces superior a la final y deje 2 cm adicionales. Haga un doblez de 1 cm en cada borde y planche la tira. Luego, plánchela de nuevo doblada por la mitad. Hilvane los bordes y cosa la tira a máquina a 3 mm del borde.

ESQUINA EN INGLETE

Cuando dos dobladillos se encuentran en una esquina, plánchelos hacia abajo y desdóblelos. Doble la esquina hacia dentro con un ángulo de 45° de modo que los pliegues formen un cuadrado y plánchelo. Corte la esquina a 5 mm del pliegue diagonal, vuelva a doblarla y cósala.

COSTURA DE REFUERZO

Cuando se cose un asa a una bolsa, hay que reforzar la costura de modo que pueda soportar peso. Hilvane un extremo del asa (un poco más que su anchura) a la parte interior de la bolsa. Empezando por la esquina superior derecha, cosa a máquina un cuadrado o un rectángulo por encima; después, cosa en diagonal hasta la esquina inferior izquierda y, luego, por el borde inferior y hasta la esquina superior izquierda.

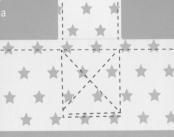

Técnicas tradicionales

Aunque solo sea para cambiar un botón, coser a mano es muy agradable. El *patchwork* inglés fue la primera técnica de costura que aprendí y siempre recordaré el proceso de juntar retazos de tela para crear algo nuevo. Existen, además, cuatro técnicas clásicas más de la costura a mano que se han adaptado para los proyectos de este libro.

PATCHWORK INGLÉS

También conocido como *patchwork* en papel o de mosaico, este método secular se utiliza sobre todo para ensamblar formas geométricas precisas. La emblemática colcha de hexágonos, tan popular en la década de 1970, se elabora siguiendo este método. Cada uno de los retazos se hilvana sobre un patrón de papel y después se cosen los bordes doblados. Antiguamente el objetivo era hacer ocho o nueve puntadas por centímetro, pero hoy en día no somos tan exigentes. Una forma tradicional de evitar que el hilo se deshilache al atravesar una y otra vez la tela es pasarlo por un bloque de cera de abeja pura.

PATCHWORK «LOCO»

Los victorianos inventaron este extravagante estilo de *patchwork* dejándose llevar al máximo por su amor por los adornos y la decoración. Hicieron fantásticas creaciones en brocado, terciopelo y raso, en tonos intensos y texturas ricas, y hasta les añadieron intrincados puntos de bordado. Este estilo es una combinación de la decoración con apliques y el *patchwork*, en la que se disponen fragmentos de tela sobre un fondo sencillo y se juntan como en un puzle para crear una «loca» superficie fragmentada. Después se cosen los fragmentos de tela y se adornan las costuras. He reinterpretado esta técnica, haciéndola más fresca y ligera, con mi original cojín de retazos de las págs. 80-83 y con el jarrón que aparece en el cuadro de flores en las págs. 138-141.

VENTANA DE CATEDRAL

Las «ventanas», una técnica relativamente reciente (data de la década de 1920), suelen crearse con telas de algodón blanco y retazos en forma de rombo estampados. Para el cojín de alcoba de las págs. 76-79 he elegido una tela de satén *vintage* de color crema que sirve de fondo a una colección de telas de seda en tonos pastel. Tal y como podemos ver en el cojín con yoyós de tela, es una técnica que suelen explorar en mayor profundidad los costureros innovadores y funciona bien con un fondo oscuro. Una variación de esta técnica es la denominada «jardín secreto» y consiste en colocar una capa adicional de tela en el cuadrado plegado justo antes de coser los puntos. El «secreto» se revela cuando se doblan los bordes hacia atrás y aporta color al interior de los pétalos.

YOYÓS DE TELA

Como seguramente habrá observado, esta es mi técnica favorita y, como podrá ver, he incluido yoyós de tela en cinco de los proyectos: se han utilizado para crear una funda de cojín, adornar una rebeca y hacer un collar... ¡A ver si consigue encontrar los otros dos proyectos en los que se han empleado! Los yoyós vuelven a estar de moda y son versátiles y rápidos de hacer. Para elaborarlos lo único que tiene que hacer es cortar un círculo de tela, coser un doblez por el borde y sacar el hilo, tirando, de modo que la tela se frunza. Para acelerar este proceso, puede comprar pequeños artilugios que le ayudarán a crear yoyós en una gran variedad de tamaños.

DECORACIÓN CON APLIQUES A MANO

La decoración con apliques de borde doblado es otra técnica con una larga historia. Consiste en cortar formas de tela, hilvanar un dobladillo estrecho por el borde y, luego, coser el retazo sobre un fondo. En el siglo XIX esta técnica se utilizaba en Estados Unidos para elaborar maravillosas colchas coloridas y ornamentadas, sobre todo en Baltimore. Doblar dobladillos estrechos puede ser complicado, así que con la bolsa para la colada con círculos que aparece en la pág. anterior y la bolsa y el cojín «plato de Dresde» de las págs. 66-71, aprenderá a hilvanar primero las telas sobre un patrón para crear curvas perfectas.

Decoración con apliques a mano

Este término proviene del verbo francés *appliquer*, que significa «aplicar» y, por lo tanto, esta técnica consiste en cortar pequeños trozos de tejido y colocarlos sobre un fondo. La forma tradicional de hacer esto a mano se ha explicado en la pág. anterior, pero también puede optar por un método mucho más rápido: colocar los apliques con entretelas termofusibles aplicando el calor de la plancha. Este tipo de decoración con apliques aparece en mi primer libro de costura, *¡Crear!,* en el que lo utilicé para recrear diseños con algunos de mis tejidos más populares. Esta vez he empleado formas y motivos más sencillos para remendar y para adornar bolsas, prendas y cojines.

ENTRETELA TERMOFUSIBLE

La entretela termofusible es una lámina de papel translúcido con un lado adhesivo activado por el calor. Hay distintos tipos, pesos y marcas, pero todos cumplen la misma función. Asegúrese de comprar la apropiada para el aplique; si utiliza entretela pesada con seda o linón, el adhesivo traspasará el tejido.

Lo único que tiene que hacer es trazar el contorno invertido del motivo directamente sobre el lado de papel de la entretela. Recorte el motivo y, con el lado adhesivo hacia abajo, planche el papel sobre el revés del aplique, siguiendo las instrucciones del fabricante. A continuación, corte con precisión alrededor de la línea de lápiz. Retire el papel, coloque el motivo sobre el fondo en su sitio definitivo y plánchelo con una plancha caliente para fijarlo. Las formas de bordado persa también se pueden aplicar con entretelas termofusibles. Corte un trozo un poco más grande que el de la tela que haya elegido, plánchelo del revés y córtelo por el contorno.

BORDES PARA TUS MOTIVOS

Los motivos están ahora en su sitio, pero los bordes están sin coser, así que tendrá que arreglarlos para que no se deshilachen. La manera más práctica de hacerlo es con la máquina de coser, con puntadas en zigzag cercanas entre sí o con alguna de las puntadas más decorativas. Si quiere ponerles bordes invisibles a los motivos, utilice hilo a juego (como en la bolsa con perros de caza de las págs. 54-57). Sin embargo, mi opción favorita es un acabado bordado a mano (en las págs. 28 y 29 encontrará instrucciones sobre cómo hacer algunas de mis puntadas preferidas).

BORDADO PERSA

Si alguna vez ha recortado imágenes de una revista para pegarlas a un álbum de recortes (un pasatiempo clásico para los días lluviosos), entenderá el concepto del bordado persa, aunque no es realmente un bordado (ni tampoco procede de Persia). Los ejemplos más antiguos datan del siglo XVII, cuando la Compañía de las Indias Orientales importó por primera vez a Inglaterra la exótica y floral zaraza, una tela muy preciada que se utilizó para recortar flores, hojas, pájaros y mariposas y coserlos a fondos sencillos, lo que dio lugar a nuevos diseños.

Para el bordado persa se puede emplear cualquier tela y puede dejar volar su imaginación cuando haga un *collage* con los motivos. Encontré unas fabulosas rosas en la tela de un mueble y las he colocado en el jarrón del cuadro de flores, que aparece casi a tamaño completo en las págs. 138-139. En el cuadro de flores también he incluido botones antiguos y un poco de bordado a mano para crear los tallos y adornar las flores. Para el paño de cocina de lino con apliques que aparece en la cocina campestre de las págs. 128-129, he optado por una versión más al azar. Los nostálgicos diseños los tomé de una cortina de estilo casero de tela de corteza vegetal y, para los bordes, he utilizado la discreta puntada de ojal con hilo a juego con la tela de fondo. La bolsa con perros de caza, en las págs. 54-57, es el tercer proyecto de bordado persa y en él se han reciclado motivos de un material mucho más delicado, la sarga de seda, en este caso procedente de un pañuelo.

Bordados y adornos

Tanto la decoración con apliques como el *patchwork* son de por sí tan decorativos que casi no necesitan más adornos, por más que, a veces, un elemento adicional puede proporcionar el toque de acabado final que hace que una pieza resalte. Los adornos pueden ser discretos, como por ejemplo una línea de puntadas sencillas alrededor de un retazo de *tweed*, o pueden formar una parte esencial del diseño, como el punto de pluma empleado alrededor de los retales del original cojín de retazos.

BOTONES

Los botones de todos los tamaños y formas pueden desempeñar una función práctica, como abrochar una funda de almohada o reforzar el asa de una bolsa, o pueden servir simplemente de adorno. He escogido una selección variada rebuscando en mi caja de botones antiguos con el fin de aportar toques de color y textura al cuadro de flores de las págs. 138-141. Fíjese en los antiguos botones de tela y de plástico, madera o vidrio prensado. Los de nácar tienen un acabado neutro y natural que queda bien con cualquier tejido, y puede añadir un poco de color cosiéndolos con hilo de bordar de colores vivos.

Aunque se tenga mucho cuidado al coser, puede que a veces las costuras no estén del todo alineadas con las esquinas. Las menos precisas se pueden ocultar con unos cuantos botones cuidadosamente colocados... Esta trampa funcionó la mar de bien en el cojín de alcoba y también es perfecta para retazos cuadrados desalineados.

ENCAJES, CINTAS Y CUERDAS

En general, no me entusiasma demasiado el encaje, pero la verdad es que utilizado de forma discreta puede ser muy eficaz. La tela central de la bolsa con rosas para las labores de punto de las págs. 50-53 se ha enmarcado con un sencillo ribete triangular que ha resultado ser el contrapunto perfecto al estampado de rosas blancas y margaritas. Asimismo, el fino ribete de color rosa del cojín de retazos de las págs. 80-83 hace juego con el color del hilo de bordar y enmarca el cuadrado de *patchwork*.

Si no le apetece hacer su propio ribete e introducirlo en la costura, puede coser una cuerda u otro material alrededor del borde del cojín ya terminado. Una cuerda brillante o de algodón también proporciona un atractivo cierre de cordón para bolsas pequeñas y grandes, y puede decorar las puntas con cuentas o con una lengüeta de tela. El *ricrac* (trenza decorativa en zigzag) es una buena alternativa al encaje y se puede emplear como borde o insertar en las costuras para aportar un discreto acabado festoneado. Las prendas para niños son una excepción al minimalismo y un lazo de cinta imprime carácter al jersey con conejito de las págs. 140-141.

LA COSTURA

Puede crear adornos interesantes con solo unas puntadas de bordado a mano; podrá encontrarlas en las dos páginas siguientes. Póngales bordes con punto de festón o punto de coral a retazos con apliques y cubra costuras sencillas con puntos de pluma y de mosca. Personalice sus proyectos con unas iniciales realizadas con pespuntes o punto de cadeneta. Acabo de descubrir unos bordados figurativos en rojo y me han inspirado para la bolsa roja bordada con gallinas de las págs. 42-45.

Hay varias maneras de trasladar a una tela la gallina o cualquier otro contorno fotocopiado. La forma más sencilla es utilizando papel carbón de modista. Coloque la tela con el papel carbón encima, bocabajo, y luego la fotocopia, poniéndoles cinta adhesiva para que no se muevan. Trace firmemente el contorno con un bolígrafo. O también puede improvisar una caja de iluminación: coloque el contorno en una ventana luminosa con cinta adhesiva protectora, pegue la tela al papel con cinta adhesiva y trace el contorno con un lápiz afilado.

Puntos de bordado

Todas las puntadas de este libro se han realizado con una aguja de ojo largo y algodón de bordar trenzado o hilo para tapicería. Ambos vienen en una madeja sujeta con tiras de papel, una ancha y otra estrecha. Sujete la tira estrecha y tire del extremo suelto del hilo para sacarlo y, luego, corte 45 cm de hilo. El algodón de bordar trenzado cuenta con seis hilos ligeramente trenzados que se pueden separar sin problema. Si empleamos los seis, obtendremos puntadas grandes, mientras que si usamos tres, tendremos puntadas medianas y con dos, puntadas más finas. En todos los proyectos se indica cuántos hilos hay que utilizar.

PUNTO DE BASTILLA

Esta puntada básica se utiliza en el *patchwork* inglés para hilvanar las telas a los patrones y, en menor grado, para acolchados. Proporciona un contorno sencillo a cada uno de los cuadrados del bolso bandolera de *tweed* de las págs. 38-41. Las puntadas tienen que tener la misma longitud, y los espacios entre las puntadas deberán ser iguales.

PESPUNTES

He utilizado pespuntes en lana para las iniciales CK del bolso bandolera de *tweed* de las págs. 38-41 y para «dibujar» las gallinas rojas de la bolsa de las págs. 42-45. Saque la aguja a un punto del principio de la línea de costura y vuelva a coser hasta el principio de la línea. Vuelve a sacar la aguja a un punto de esta primera puntada y continúe cosiendo asegurándose de hacer puntadas regulares.

PUNTADA RECTA

Las pequeñas puntadas rectas, verticales o diagonales, pueden emplearse para sujetar retazos con apliques o para añadir detalles, como los bigotes del conejo en la manta de las págs. 104-105. Simplemente, saque la aguja en A y clávela en B para trazar una línea recta y corta.

PUNTADA SATINADA

Así denominada por su acabado liso y brillante, consiste en una serie de puntadas rectas en la misma dirección, de A a B. Varíe los largos de las puntadas para rellenar la forma en la que esté trabajando.

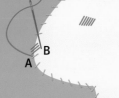

PUNTO DE FESTÓN

Esta clásica puntada para los bordes aparece en el paño de cocina con apliques de las págs. 128-129 y se ha utilizado para mejorar los bordes de los motivos. Saque la aguja en A y luego cosa hasta B, atravesando la tela y volviendo a sacar la aguja directamente debajo, en C. Pase el hilo por debajo de la aguja y tire de ella para hacer las puntadas. Repita esta operación hasta llegar al final del borde.

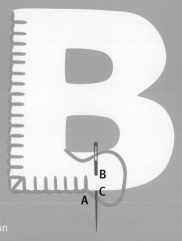

PUNTADA DE OJAL DE SASTRE

Esta puntada, una versión reforzada del punto de festón, se utilizó en el jersey con conejito de las págs. 142-143. Empezando por A, baje la aguja en B, por delante del hilo, y tire del hilo en C para formar la puntada. Pase el hilo de izquierda a derecha y tire de él, levantando la aguja para formar un pequeño nudo en el borde del motivo.

PUNTO DE CADENETA

Emplee este punto para realizar un contorno ancho y flexible como el de los tallos del cuadro de flores de las págs. 138-139 y para coser iniciales o letras. Saque la aguja en A y clávela en el mismo agujero. Saque la aguja en B para formar la puntada y vaya pasando el hilo de izquierda a derecha por debajo de la aguja. Asegure la anilla y tire suavemente de la aguja hasta sacar el hilo. Para finalizar haga una puntada recta sobre la última anilla.

PUNTO DE MARGARITA

Los puntos de cadeneta sencillos sirven para crear bonitos pétalos, pero yo he utilizado unos cuantos largos y finos para hacer las hojas de la zanahoria en la manta con el conejito. Los puntos de margarita se hacen igual que los de cadeneta, fijando cada una de las anillas con una puntada recta corta.

PUNTO DE PLUMA SENCILLO

Esta variación del punto de festón aparece en el cuadro de flores de las págs. 138-139 y ha servido para ponerles bordes a los retazos circulares. Saque la aguja en A y clávela en B. Luego, saque la puntada en C, debajo de B y en la misma línea que A. Pase el hilo por debajo de la aguja y tire.

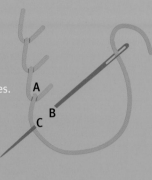

PUNTO DE PLUMA

Fíjese en este bonito punto en el cojín de retazos de las págs. 80-83 y en la bolsa roja con gallinas de las págs. 42-45. Haga puntadas de idéntica longitud, manteniendo el mismo ángulo a cada lado para que tenga un aspecto ordenado. Saque la aguja en A y clávela en B para formar una puntada suelta. Saque la puntada en C, por encima del hilo, y tire. Haga la siguiente puntada diagonal desde D hasta E, pasando por encima del hilo. Repita estas dos puntadas hasta el final.

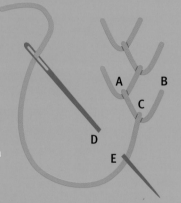

PUNTO DE MOSCA

Es otra buena puntada para las costuras y la he utilizado como alternativa al punto de pluma en el jarrón del cuadro de flores de las págs. 138-139. Saque la aguja en A, clávela en B y sáquela en diagonal en C. Tire de la aguja por encima del hilo y vuelva a meter la aguja directamente debajo, en D. Repita esta puntada hasta formar una hilera continua.

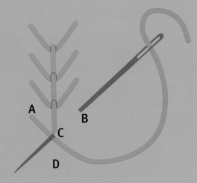

Elegir telas

Cuando se trata de elegir telas para el *patchwork* y la decoración con apliques, la variedad es ilimitada. Las tiendas de tejidos para colchas y los grandes almacenes cuentan con una gran abundancia de rollos de tela de los que podemos sacar retazos y *fat quarters* (término empleado por los bordadores de colchas para rectángulos de tela de 55 × 50 cm). De todos modos, no se olvide de buscar telas antiguas en las tiendas de segunda mano, en los mercadillos y en su propio armario, ya que podrá reciclarlas siguiendo la auténtica tradición del *patchwork*. Para los proyectos de este libro, he utilizado desde pañuelos de seda y manteles hasta *tweed* tejido a mano y antiguas telas de cortina. Las siguientes descripciones le ayudarán a escoger las telas apropiadas para sus propios proyectos.

TELAS *VINTAGE*

Para hacer *patchwork* se pueden emplear casi todas las telas *vintage*, siempre que estén en buen estado. Fíjese bien si tienen manchas, marcas de óxido o zonas desgastadas y recórtelas. Mire la tela a contraluz para ver dónde se han desgastado los hilos. Aunque parezcan en buenas condiciones, siempre prefiero lavar las telas antiguas de algodón o de lino, ya que a menudo hace falta refrescarlas; además, si resisten un ciclo de lavadora delicado, serán lo bastante fuertes como para aguantar la costura.

ALGODÓN Y LINO

Existe una gran variedad de maravillosas telas de lino de uso doméstico, como servilletas bordadas a mano, alfombras de pasillo, fundas de almohada y salvamanteles. Las sábanas de buena calidad son una buena opción para crear las partes traseras de proyectos tales como la bolsa para la colada de las págs. 58-61 o la colcha de las págs. 106-109, y hasta los humildes paños de cocina a rayas adquieren nueva vida cuando se juntan para hacer un mantel. Las versiones estampadas son una buena alternativa a las telas más anchas y más caras. Me he quedado muy satisfecha con la bolsa de las págs. 34-37, que he realizado combinando paños de tela de flores y de topos.

SEDA Y LANA

Las ricas texturas del terciopelo, el raso y la seda añaden una nueva dimensión al *patchwork*, pero no siempre es fácil trabajar con ellos. A los retazos de seda delicados hay que añadirles una entretela en la parte trasera para mantener su forma, tal y como sucede con el bolsito de rombos de las págs. 46-49, o hay que combinarlos con tejidos más firmes. La técnica de «ventana de catedral» empleada para el cojín de alcoba de las págs. 76-79 es un buen ejemplo de cómo poner una entretela. Los proyectos como los cojines de suelo, a los que se les da mucho uso, hay que realizarlos con retazos de tela más grandes y de materiales más gruesos, por lo que las mantas viejas son ideales (sobre todo si hay polillas en la casa).

ESTAMPADOS Y DISEÑOS

Las telas con estampados florales pequeños son la opción clásica para el *patchwork* y funcionan mejor cuando se combinan con unos cuantos colores lisos. Puede combinar estampados grandes y pequeños con telas a cuadros y guingas, pero procure utilizar una gama de colores limitada, tal y como hice con el cojín para niños de las págs. 92-95, ya que de lo contrario el resultado final puede resultar un tanto excesivo. Me gusta especialmente trabajar con las rayas, estampadas o tejidas, y crear retazos cuadrados o rectangulares para después formar nuevos diseños geométricos. A primera vista no pensaría que todo el material empleado en la cama para perros personalizada de las págs. 132-135 procede de una sola manta.

Los retazos de telas estampadas elaborados con la técnica de cortes precisos, como los que hice para el acerico con hexágonos de las págs. 130-131, proporcionan diseños rítmicos, pero también puede elegir interesantes motivos individuales para los retazos con apliques. No he podido resistirme a los nostálgicos coches de carreras utilizados para el peto con remiendos de las págs. 144-145, y para el cuadro de flores de las págs. 138-141 he recortado una serie de rosas grandes de zaraza satinada y las he cosido a una tela de damasco, una antigua técnica denominada «bordado persa» que se utilizó por primera vez cuando las telas nuevas escaseaban y eran caras.

Proyectos

Diseñar los proyectos de este libro, elegir
los tejidos perfectos y decidir las técnicas
más adecuadas han sido tareas de lo más
agradables. Tanto si tiene experiencia
como si no, espero que disfrute con todos
estos proyectos tanto como lo he hecho yo.

Bolsa de flores y topos

MATERIALES

140 × 70 cm de tela de topos

140 × 40 cm de tela floral

hilo de bordar trenzado rojo

hilo de coser a juego

máquina de coser

kit de costura

RECORTES

de la tela de topos:

17 cuadrados de 12 cm

2 paños para forrar de 52 × 32 cm

1 forro para la base de la bolsa
  de 42 × 12 cm

de la tela floral:

17 cuadrados de 12 cm

1 bolsillo de 22 × 12 cm

2 asas de 60 × 8 cm

NIVEL DE DIFICULTAD: 2

Aquí tiene una bolsa informal y espaciosa del tamaño perfecto para la compra o para llevar libros y un portátil. La he hecho con una de mis combinaciones favoritas, los topos y las flores, y me encanta el contraste de tamaños entre los llamativos topos sobre la tela de estilo vaquero y los delicados ramos de rosas silvestres sobre un fondo oscuro de color añil.

Los márgenes de costura son de 1 cm.

1 Disponga los treinta cuadrados para hacer la bolsa a modo de tablero de damas, en tres filas horizontales con diez cuadrados en cada una. Cosa los cuadrados en filas verticales con tres de ellos en cada una y los lados derechos uno frente al otro. Encontrará instrucciones detalladas para realizar este paso en la pág. 20.

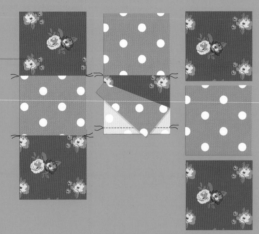

2 Planche los márgenes de costura en direcciones opuestas de modo que estén planas cuando cosa las filas. Para cada fila con un cuadrado de tela a topos en la parte superior y en la parte inferior, planche las costuras hacia abajo y, para cada fila con un cuadrado de tela floral en la parte superior y en la parte inferior, planche las costuras hacia arriba.

3 Junte las filas de modo que formen un rectángulo largo y, con los lados derechos uno frente al otro, haga coincidir los bordes largos para que las costuras estén muy unidas. Coloque un alfiler en cada línea de costura y en las esquinas superiores e inferiores, y luego cosa a máquina.

4 Planche todas las costuras verticales abiertas. Cósalas y planche los dos bordes laterales para formar un cilindro de *patchwork* y plánchelo.

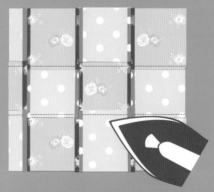

5 Planche los cuatro cuadrados de tela restantes juntos para hacer una base, alternando los dos estampados, y planche las costuras abiertas.

Sugerencia VOY A CONFESARLE UN SECRETO… ESTA BOLSA LA HE HECHO CON CUATRO PAÑOS DE COCINA DE ALGODÓN, UNA FORMA ESTUPENDA DE OBTENER TELAS NUEVAS EN PEQUEÑAS CANTIDADES.

Bolsa de flores y topos

6 Con los derechos hacia dentro, sujete con alfileres un borde largo de la base de la bolsa a cuatro cuadrados, a lo largo del borde inferior de la bolsa, haciéndolo coincidir con las costuras abiertas. Sujete con alfileres el otro borde largo al lado opuesto de la bolsa, dejando abiertos los bordes cortos. Haga un corte de 5 mm en la parte inferior de las costuras de las esquinas para abrir el margen de costura. Cosa a máquina estas dos costuras, empezando y terminando cada línea de puntadas a 1 cm del borde corto y haciendo unas cuantas puntadas hacia atrás para reforzar.

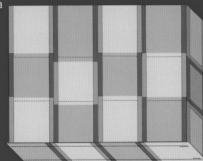

7 Sujete con alfileres los bordes cortos de la base de la bolsa y cósalos a máquina. Haga dos líneas de puntadas más para reforzar la costura.

8 Con una aguja gruesa para bordado Crewel y tres hebras de hilo de bordar de color rojo, haga una línea de punto de bastilla a 5 mm del interior de cada una de las costuras laterales.

9 Remate el borde superior del bolsillo con un dobladillo doble estrecho. Planche debajo de un doblez de 1 cm, a lo largo de los otros tres lados. Sujete el bolsillo con alfileres a uno de los paños para forrar, a 6 cm por debajo del borde superior y a 11 cm del borde lateral izquierdo. Cósalo a máquina en su sitio y dele unas cuantas puntadas más al principio y al final de la costura.

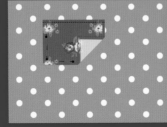

10 Enfrentando los derechos, junte los dos bordes de los paños para forrar hasta formar un cilindro. Planche las costuras abiertas y luego planche hacia atrás un doblez de 15 mm alrededor del borde superior. Haga un corte de 6 mm en el margen de costura de la bolsa, en cada esquina. Enfrentando los derechos, sujete con alfileres el forro para la base de la bolsa, alineando dos esquinas opuestas con las dos costuras. Cósalo en su sitio.

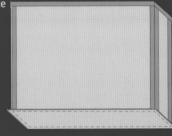

11 Coloque el forro en el interior de la bolsa, haciendo coincidir la base con las dos costuras de los bordes laterales. Sujételas con alfileres alrededor de la abertura: el forro deberá quedar a unos 5 mm por debajo del borde superior de la bolsa. Cosa a máquina a 3 mm del borde superior.

12 Planche las tiras de las asas por la mitad, a lo ancho, y despliéguelas. Planche un doblez de 1 cm en cada uno de los cuatro bordes y luego vuelva a planchar el doblez central. Cosa a máquina a 3 mm de cada uno de los bordes largos. Hilvane los extremos de las asas a los bordes de la bolsa para que queden a 5 cm por debajo del borde superior y sobreponga las costuras de *patchwork* laterales. Cosa las asas con rectángulos de puntadas para reforzar (*véase* pág. 21).

Sugerencia LAS LÍNEAS DE PUNTADAS VISTAS A LO LARGO DE CADA UNA DE LAS COSTURAS LATERALES DETERMINAN LA FORMA DE LA BOLSA. PARA HACERLAS RESALTAR, UTILICE HILO A JUEGO CON ALGÚN ELEMENTO DEL TEJIDO.

Bolso en bandolera

MATERIALES

18 cuadrados de *tweed* de 14 cm

hilo para tapicería en colores a juego

aguja grande para bordado Crewel

75 × 38 cm de tela de algodón
  para forrar

125 cm de cincha de 5 cm de ancho
  para el asa del bolso

hilo de coser a juego

regla para bordadores de colchas

lápiz de tiza

máquina de coser

kit de costura

NIVEL DE DIFICULTAD: 1

Práctico a la vez que espacioso, en este bolso cabe perfectamente todo lo imprescindible, y más. Además, se puede hacer rápidamente con unos sencillos cuadrados de *tweed*. He elegido una mezcla de tejidos antiguos y nuevos, y los tonos suaves y naturales de la lana combinan muy bien. Cada uno de los retazos cuenta con puntadas vistas a su alrededor, hechas con hilo para tapicería, y el retazo del centro lleva un monograma.

1 Con una regla para bordadores de colchas y un lápiz de tiza, marque las líneas de costura en los cuadrados de *tweed*, a 2 cm del borde. Enhebre la aguja Crewel con hilo para tapicería. Cosa una línea de puntos de bastilla pequeños alrededor de cada línea de tiza.

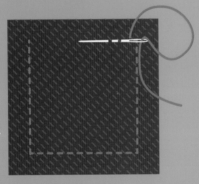

2 Disponga los primeros nueve cuadrados en tres filas horizontales con tres cuadrados en cada fila. Tómese su tiempo para encontrar una disposición equilibrada de color y diseño.

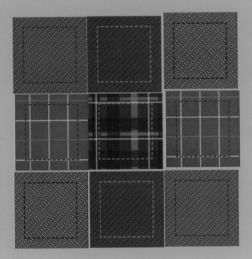

3 Dibuje sus iniciales en el cuadrado del centro con el lápiz de tiza y borde sobre las líneas con pequeños pespuntes (*véase* pág. 30).

4 Junte los cuadrados de modo que formen filas horizontales, empezando por la esquina inferior izquierda. Sujete con alfileres el primer cuadrado al borde izquierdo del segundo cuadrado y cósalos a máquina, dejando un margen de costura de 12 mm. Sujete y cosa el tercer cuadrado de la misma forma. Planche las dos costuras hacia la izquierda.

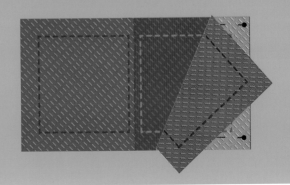

Sugerencia HE EMPLEADO UNA TELA DE *PATCHWORK* TANTO EN LA PARTE TRASERA COMO EN LA DELANTERA, PERO PUEDE UTILIZAR UN

CUADRADO GRANDE DE *TWEED* PARA HACER UNA PARTE DE ATRÁS SENCILLA. UNAS INICIALES PEQUEÑAS EN LA ESQUINA AÑADEN UN TOQUE VISUAL.

Bolso en bandolera

5 Una los tres cuadrados del centro y planche las costuras a la derecha. Luego, cosa uniendo los tres cuadrados superiores y planche la costura a la izquierda.

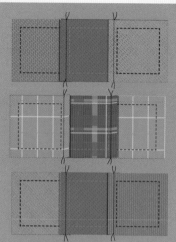

6 Enfrentando los derechos, sujete con alfileres el borde inferior de la fila superior al borde superior de la fila del centro de modo que coincidan las costuras. Coloque un alfiler en ambos puntos de unión de las costuras y en cada una de las esquinas. Cosa 12 mm a máquina dejando un margen de costura de 12 mm. Repita esta operación con la fila inferior y planche todas las costuras horizontales hacia arriba.

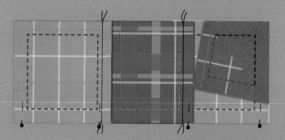

7 Cosa los nueve cuadrados restantes de la misma forma para hacer la parte trasera del bolso. Planche las costuras horizontales hacia abajo. Sujete con alfileres los bordes laterales e inferiores de la parte delantera a los de la parte trasera, enfrentando los derechos, y, de nuevo, haciendo coincidir las esquinas con las costuras.

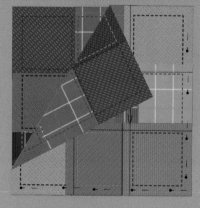

8 Cosa a máquina a 12 mm del borde y luego haga otra línea de puntadas sobre la primera para reforzar. Corte un pequeño triángulo en cada esquina inferior de modo que los cuadrados queden planos (*véase* pág. 37). Dele la vuelta al bolso para que quede del lado correcto, saque las esquinas con cuidado y planche suavemente.

9 Remate el borde superior doblando hacia atrás e hilvanando un doblez de 12 mm. Tendrá que ir desplegando las costuras de manera que la abertura no quede abultada.

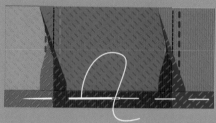

10 Sujete con alfileres los extremos del asa a las esquinas interiores superiores del bolso, sobreponiéndolos 5 cm. Las costuras deberán estar a la mitad de la correa. Hilvane los extremos del asa y cosa a máquina un rectángulo de puntadas de refuerzo (*véase* pág. 21).

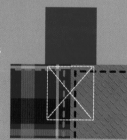

11 Doble el forro por la mitad enfrentando los derechos. Sujete con alfileres y cosa a máquina los dos bordes laterales con una costura de 1 cm y, luego, planche para hacer un doblez hacia atrás de 3 cm alrededor de la abertura. Introduzca el forro en el interior del bolso, haciendo coincidir las costuras laterales. Sujete con alfileres el borde doblado a 5 mm por debajo de la parte superior del bolso y luego cóselo con puntadas invisibles.

Sugerencia SI NO ENCUENTRA CORREAS DE ALGODÓN DE LA ANCHURA O DEL COLOR ADECUADOS, COSA SU PROPIA ASA

DE LANA CON UN TROZO DE *TWEED* DE 125 × 12 CM DE LARGO SIGUIENDO LAS INSTRUCCIONES PARA HACER ASAS DE LA PÁG. 21.

Bolsa roja con gallinas

MATERIALES

tela de algodón roja de 1 m × 50 cm
tela de lino blanco de 50 × 15 cm
tela de algodón de rayas de 1 m × 50 cm
2 m de cinta al bies blanca de 2,5 cm
   de ancho
hilo de bordar de algodón trenzado,
   rojo y crudo
4 botones de 2,5 cm
hilo de coser a juego
máquina de coser
kit de costura

RECORTES

de la tela de algodón roja:
2 escudetes laterales de 10 × 41 cm
1 escudete inferior de 10 × 38 cm
1 parte trasera de 38 × 41 cm
2 asas de 8 × 70 cm
2 lengüetas de 8 × 15 cm
de la tela de algodón de rayas:
2 paños laterales de 38 × 41 cm
2 escudetes laterales de 10 × 41 cm
1 escudete inferior de 10 × 38 cm

NIVEL DE DIFICULTAD: 3

El bordado en rojo consiste en contornos sencillos cosidos sobre un fondo blanco. Tuvo una enorme popularidad a principios del siglo XIX y en la actualidad ha recobrado su merecida popularidad. Los bordados acabados en un rojo característico llevan combinándose desde hace mucho tiempo con telas de color carmesí para crear obras de *patchwork* gráficas y llamativas. He hecho esta sencilla bolsa de estilo campestre, pero sueño con hacer una colcha entera llena de gallinitas y gallos rojos.

El margen de costura es de 1 cm.

1 Empleando el patrón de tamaño completo de la pág. 156, trace dos gallinas mirando hacia la izquierda y dos más mirando hacia la derecha en sus rectángulos en la tela de lino blanco (*véase* pág. 26). Deje al menos 6 cm entre cada imagen. Cosa con pespuntes pequeños siguiendo los contornos de las gallinas y utilizando tres hebras de hilo. Borde los marcos con punto de pluma (*véanse* págs. 30 y 31).

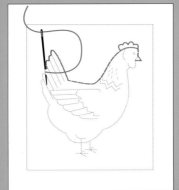

2 Trace el rectángulo cinco veces en la tela de algodón roja y cosa alrededor de cada uno de los contornos con punto de pluma de color crudo, empleando de nuevo tres hebras de hilo.

3 Recorte cada uno de los rectángulos acabados de modo que midan 14 × 15 cm y asegúrese de que tengan un margen uniforme alrededor de la costura en punto de pluma.

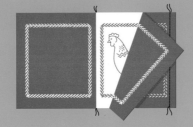

4 Disponga los rectángulos en tres filas de tres, alternando los de color rojo con los de color blanco y con todas las gallinas mirando hacia dentro. Enfrentando los derechos, sujete con alfileres los bordes laterales de los dos primeros rectángulos y cóselos a máquina.

5 Una el tercer rectángulo con el otro lado de la gallina y luego una las otras dos filas. Planche todas las costuras hacia los rectángulos rojos.

Sugerencia PARA HACER UN ASA FIJA EN VEZ DE AJUSTABLE, AÑÁDALE 10 CM MÁS DE LARGO Y COSA LOS EXTREMOS A LOS ESCUDETES LATERALES DE LA BOLSA. TAMBIÉN PUEDE PONER BOTONES COMO ELEMENTO DECORATIVO.

Bolsa roja con gallinas

6 Sujete con alfileres el borde inferior de la fila superior al borde superior de la fila del centro, enfrentando los derechos, de modo que los márgenes de costura se arrimen. Coloque los alfileres a lo largo de las líneas de costura y en ambas esquinas. Cosa a máquina. Repita la operación con la fila inferior y planche las costuras abiertas.

7 Sujete con alfileres los extremos cortos de los escudetes laterales al escudete inferior para formar una tira larga, con los derechos uno frente al otro. Cosa a máquina, empezando y terminando a 1 cm del final de cada línea de costura.

8 Con los derechos juntos, sujete con alfileres un borde largo de la tira del escudete terminada a los bordes laterales e inferiores de la parte trasera. Abra los extremos sin coser de las costuras para que el escudete quepa bien alrededor de las esquinas inferiores. Hilvánelo y cóselo a máquina, añadiendo otra línea de puntadas en cada esquina para reforzar. Repita la operación con la parte delantera y dele la vuelta a la bolsa. Planche las costuras y alrededor de la abertura bajo un doblez de 1 cm.

9 Cosa el forro a rayas de la misma manera que la bolsa, pero no le dé la vuelta. Planche hacia atrás un doblez de 1 cm alrededor del borde superior.

10 Recorte un extremo de ambas asas y de ambas lengüetas para darles una curva ligera. Planche un doblez de 1 cm alrededor de cada pieza y luego planche la cinta al bies por la mitad, a lo ancho.

11 Hilvane la cinta al bies al revés de los bordes largos y curvos de una de las asas y una de las lengüetas de modo que se sobrepongan 5 mm hacia la derecha. Hilvane la otra asa a la lengüeta de forma que la cinta al bies quede prensada entre ambas. Cosa a máquina a 3 mm del borde. Haga dos ojales, a mano o a máquina, a 5 mm y a 10 mm del final del asa: deberán ser paralelos a los bordes largos.

12 Sujete con alfileres e hilvane el asa acabada al escudete lateral izquierdo de modo que queden 3 cm del asa dentro de la bolsa. Fije la lengüeta al lado derecho del mismo modo y luego introduzca el forro. Asegúrese de que las costuras coincidan y sujételas con alfileres de manera que el borde superior del forro quede a 5 mm por debajo de la abertura. Únalos cosiéndolos a mano; asegúrese de que la aguja atraviese el dobladillo vuelto, solo alrededor de la bolsa principal, y de que las puntadas no se vean por el derecho. Dele unas puntadas más a la base del asa y de la lengüeta o cosa a máquina un rectángulo de puntadas de refuerzo (*véase* pág. 21) en la parte superior de cada uno de los escudetes laterales.

13 Para terminar, cosa dos de los botones a la lengüeta dejando entre ellos un espacio de 5 cm y cosa los otros dos botones al escudete lateral, dejando también el mismo espacio entre ambos.

Bolsito de rombos

MATERIALES

retales de terciopelo y de seda de diversos
   colores

entretela termoadhesiva ligera

1,5 m de cuerda de 5 mm

65 × 25 cm de terciopelo en distintos tonos

círculo de cartón (de peso medio) de 15 cm

hilo de coser a juego

barra de pegamento

máquina de coser

trozos de papel

RECORTES

de la tela de terciopelo:

2 círculos de 15 cm para el bolsito
   y el forro de la base

1 rectángulo de 38 × 23 cm para el forro

NIVEL DE DIFICULTAD: 3

Cuando encontré una colección de retales antiguos de terciopelo
y de seda en tonos vivos, me fascinó la forma en que los colores,
semejantes a los de las joyas (van desde el rubí y el topacio
hasta el jade y el amatista), armonizaban entre sí, al estilo de un
auténtico Arlequín. Quería crear algo muy especial con estos retales,
por lo que se me ocurrió este bolsito forrado de terciopelo con
cierre de cordón. Está compuesto de pequeños trozos de tela
en forma de rombo, cosidos a mano sobre plantillas de papel...

1 Siguiendo las instrucciones del fabricante, refuerce las telas
de seda más finas fundiendo la entretela termoadhesiva ligera
al revés de la tela con la plancha.

2 Necesitará 139 rombos de tela, 135 para el bolso y 4 para las
lengüetas del cierre de cordón. Recorte las plantillas de papel
utilizando el patrón de la pág. 156 como guía y cúbralas
con los rombos de tela, haciendo las esquinas
en inglete. Encontrará instrucciones
detalladas sobre este paso en la pág. 23.

3 Cosa uniendo las telas con las plantillas
y formando quince filas diagonales
con nueve rombos
en cada una.

4 Junte las filas terminadas de modo que formen un rectángulo largo.

5 Enfrentando los derechos, cosa los dos bordes cortos del rectángulo
hasta formar un cilindro.

6 Planche suavemente del revés y luego descosa los papeles
hilvanados. Doble hacia abajo e hilvane las mitades superiores
de los rombos de la parte superior y de la parte inferior de la fila
para obtener un borde recto alrededor de las aberturas.

Sugerencia PUEDE UNIR LOS ROMBOS ALEATORIAMENTE O DISPONERLOS PRIMERO EN QUINCE FILAS DIAGONALES

CON NUEVE ROMBOS EN CADA UNA Y MEZCLARLOS PARA CREAR UNA DISTRIBUCIÓN MÁS EQUILIBRADA.

Bolsito
de rombos

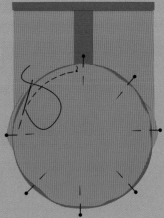

7 Divida el borde inferior en cuatro secciones iguales colocando cuatro alfileres separados por tres rombos y medio. Esto le ayudará a fruncir el borde de modo uniforme cuando cosa la base.

8 Prepare la base trazando dos líneas rectas a través del círculo de cartón, dividiéndolo en cuartos. Cosa una línea de puntos de bastilla largos a 5 mm del borde de uno de los círculos de terciopelo. Aplique un poco de pegamento a la parte de atrás del cartón y colóquela en el centro del terciopelo, sobre el revés de este. Frunza el hilo de modo que el borde cubra el cartón y átelo bien. Coloque cuatro alfileres en el cartón, al final de cada línea.

9 Cosa una línea de punto de bastilla a 5 mm del borde inferior del bolso y tire del hilo hasta que la abertura tenga un diámetro 1 cm inferior al de la base de terciopelo. Alinee los alfileres y sujete con ellos la base haciéndola coincidir con el centro de la abertura fruncida. Es un proceso complicado: tendrá que clavar los alfileres en el borde del terciopelo hasta que atraviesen el *patchwork*. Cosa la base al bolso con puntadas invisibles de hilo a juego.

10 Enfrentando los derechos, sujete con alfileres los dos bordes cortos del rectángulo de terciopelo y únalos con una costura de 1 cm. Planche un doblez de 1 cm alrededor del borde superior. Coloque ocho alfileres alrededor del borde inferior dejando espacios de 4,5 cm.

11 Doble el círculo de terciopelo restante por la mitad y luego en cuartos, y coloque un alfiler en cada uno de los pliegues. Ponga más alfileres para dividir la circunferencia en ocho partes iguales. Enfrentando los derechos, hilvane la base al bolso, haciendo coincidir los alfileres. Cosa a máquina a 1 cm del borde y recorte el margen de costura dejándolo en 3 mm.

12 Introduzca el forro en el bolso y sujete con alfileres los dos bordes superiores de modo que queden alineados. Cósalos a mano para unirlos con puntadas invisibles.

13 Para hacer la abertura por donde pasa el cordón de cierre, cosa a máquina dos series de puntadas rectas alrededor de la abertura, a 2,5 cm y 5 cm por debajo del borde superior. Descosa una de las líneas diagonales de puntadas hechas a mano entre las dos series y asegure los otros extremos de las costuras con unas cuantas puntadas más. Haga la otra abertura justo enfrente repitiendo esta operación.

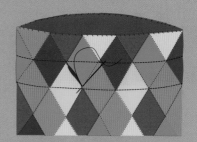

14 Corte la cuerda por la mitad e introduzca uno de los extremos en un pasacintas (o utilice un imperdible pequeño) para pasarlo por una de las aberturas, de modo que dé toda la vuelta y vuelva a salir. Pase el otro trozo de cuerda por la otra abertura.

15 Ate los dos trozos de cuerda con un nudo simple, a unos 10 cm de los extremos. Recórtelos, dejándolos en 6 cm. Doble uno de los últimos rombos por la mitad, a lo largo, y colóquelo sobre uno de los trozos de cuerda de modo que el extremo deshilachado quede completamente contenido. Cosa los bordes uniéndolos con puntadas invisibles, pasando el cordón con puntadas largas. Quite el hilvanado. Repita la operación con los otros tres extremos.

Sugerencia COMPRUEBE LAS TELAS ANTIGUAS PARA VER SI TIENEN ZONAS DAÑADAS QUE QUIZÁ NO SEAN

LO BASTANTE FUERTES COMO PARA REUTILIZARSE. SI LAS PONE A CONTRALUZ, PODRÁ VER SI HAY TROZOS DESGASTADOS.

Bolsa para labores

MATERIALES

60 × 25 cm de tela roja con estampado floral

120 × 50 cm de tela verde con topos

1 m de encaje estrecho

un par de asas

hilo de coser a juego

lápiz y regla

máquina de coser

kit de costura

RECORTES

de la tela roja con estampado floral:

1 trozo de tela floral para el centro
   de 27 × 15 cm

10 cuadrados de 7 cm

de la tela verde con topos:

12 cuadrados de 7 cm

3 trozos de tela de 37 × 27 cm para los lados

2 escudetes de 7 × 58 cm

4 trabillas para las asas de 5 × 8 cm

NIVEL DE DIFICULTAD: 2

La tapicería *vintage*, como la clásica cortina de rosas que encontré para esta alegre bolsa para las labores de punto, son ideales para los proyectos de *patchwork*. Los estampados más grandes son una alternativa a los pequeños diseños moteados y son muy versátiles. He elegido el motivo de una rosa entera para el octágono y luego he seleccionado unos cuantos grupos de flores más pequeñas para hacer los cuadrados. El ribete de encaje triangular enmarca a la perfección el parche del centro, reproduciendo la forma y el color de los pétalos de la rosa.

El margen de costura es de 1 cm.

1 Junte los cuadrados y, luego, enfrentando los derechos, cosa cuatro trozos de tela con topos a tres de tela floral para formar la tira superior y la inferior, alternando las telas. Cosa dos trozos de tela floral a dos cuadrados con topos para las tiras laterales. Planche todos los márgenes de costura hacia los cuadrados florales.

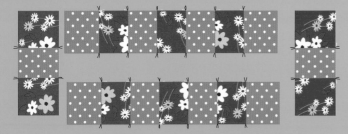

2 Con un lápiz y una regla, dibuje una línea diagonal en el revés de los cuatro cuadrados con topos restantes. Sujete con alfileres los cuadrados a cada una de las esquinas del trozo de tela para el centro, de modo que la línea vaya de borde a borde. Cosa a máquina sobre las líneas de lápiz y luego recorte la tela sobrante con un margen de costura de 1 cm. Planche las costuras hacia el trozo de tela del centro.

3 Cosa el encaje con puntadas invisibles alrededor del borde del trozo de tela del centro. Remate el extremo recortándolo de modo que tenga 6 mm, plegándolo y cosiéndolo.

4 Enfrentando los derechos, sujete con alfileres e hilvane las dos tiras laterales con tres cuadrados en cada una a los bordes laterales del trozo de tela del centro. Planche las costuras hacia el centro. Sujete con alfileres la tira superior y la inferior, haciendo coincidir las costuras y las esquinas. Cosa a máquina y planche las costuras hacia dentro.

Sugerencia SI UTILIZA UN TROZO DE TELA VIEJA, PÓNGALA A CONTRALUZ PARA COMPROBAR SI TIENE AGUJERITOS O ZONAS DEMASIADO DESGASTADAS COMO PARA USARLA. MÁRQUELA CON ETIQUETAS ADHESIVAS Y UTILICE LAS PARTES QUE ESTÉN EN BUEN ESTADO.

Bolsa para labores

5 Dibuje una línea diagonal en cada una de las esquinas inferiores de los cuadrados y corte por dichas marcas. Sujete con alfileres el trozo acabado de tela para el centro a uno de los trozos de tela verde con topos para los lados y recorte un triángulo de cada una de las esquinas inferiores de modo que ambos tengan el mismo tamaño. Haga lo mismo con los otros dos trozos de tela para los lados. Marque el margen de costura de 1 cm en los bordes inferiores y laterales de los cuatro trozos de tela.

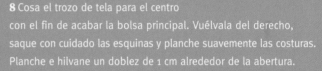

6 Enfrentando los derechos, sujete con alfileres una de las tiras de escudete al borde lateral de un trozo de tela verde con topos. Cosa a máquina por la línea marcada en lápiz hasta llegar a la esquina. Cosa unas cuantas puntadas hacia atrás para asegurar el extremo de la costura. Corte el hilo y retire la tela de la máquina. Haga un corte de 8 mm en el margen de costura del escudete, alineado con el extremo de la costura.

7 Gire el escudete de manera que el borde se encuentre sobre la esquina diagonal y sujételos con alfileres. Cosa a máquina sobre la línea hasta llegar al siguiente ángulo. Corte de nuevo el margen de costura y, luego, cosa el borde inferior y la segunda esquina del mismo modo. Recorte el extremo del escudete alineándolo con el borde superior de la bolsa.

8 Cosa el trozo de tela para el centro con el fin de acabar la bolsa principal. Vuélvala del derecho, saque con cuidado las esquinas y planche suavemente las costuras. Planche e hilvane un doblez de 1 cm alrededor de la abertura.

9 Planche un doblez de 1 cm alrededor de cada uno de los bordes largos de las cuatro trabillas de las asas. Coloque estas últimas en las trabillas, alineando los bordes inferiores.

10 Colocque un asa de modo que quede en el centro del exterior de la bolsa. Sujete con alfileres e hilvane los bordes inferiores de las trabillas de las asas al revés de la abertura, de forma que sobresalgan 2 cm por encima del borde superior. Hilvane la otra asa a la parte trasera de la bolsa, colocándola en el lugar que le corresponde.

11 Haga el forro y planche la abertura del mismo modo que la abertura de la bolsa, pero sin volverla del derecho. Introduzca el forro en la bolsa, haciendo coincidir las costuras laterales y los bordes superiores. Hilvane las costuras y los bordes, y cosa a máquina alrededor del borde superior, a 3 mm de la abertura.

Sugerencia LAS ASAS TRANSPARENTES DE ESTA BOLSA SON DISCRETAS Y NO DESVÍAN LA ATENCIÓN DE LOS BONITOS ESTAMPADOS.

SI NO ENCUENTRA ASAS TRANSPARENTES, EN LUGAR DE INCORPORAR OTRO COLOR, OPTE POR UNAS ASAS DE BAMBÚ.

Bolsa con perros de caza

MATERIALES

70 × 90 cm de tela de rayas

75 × 50 cm de tela floral para el forro

pañuelo de seda viejo o tela estampada

entretela termofusible

hilo de coser a juego

máquina de coser

kit de costura

RECORTES

de la tela de rayas:

las rayas deberán ser verticales

1 rectángulo de 35 × 90 cm para la bolsa
  principal

2 escudetes laterales de 10 × 40 cm

2 asas de 8 × 60 cm

de la tela floral para el forro:

2 rectángulos de 35 × 47 cm

NIVEL DE DIFICULTAD: 2

Los parches con apliques se pueden hacer con telas de todo tipo; de hecho, siempre estoy buscando estampados ilustrativos y únicos. Estos cuatro animados perros de caza se encontraban en un pañuelo de seda *vintage*. Las telas tan finas como estas requieren refuerzo para poder aguantar el desgaste por el uso cotidiano, por lo que se ha utilizado una entretela termofusible para fijarlas a la lona de rayas procedente de una silla plegable, y los bordes deshilachados se han reforzado con la máquina de coser.

1 Decida qué motivos de la tela estampada quiere utilizar y dónde quiere colocarlos en la bolsa. Recórtelos y aplique la entretela termofusible con la plancha sobre el revés de las telas recortadas siguiendo las instrucciones del fabricante. Corte alrededor de los contornos y despegue el papel de la entretela.

2 Doble la bolsa por la mitad, a lo largo, y coloque un alfiler en cada borde lateral para marcar el punto central.

3 Doble la parte superior 40 cm (será la parte delantera de la bolsa). Disponga los motivos como desee, pero dejando al menos 5 cm en el borde superior. Luego, plánchelos donde haya elegido colocarlos. Cosa a máquina, con hilo a juego, una línea de puntos de festón o puntos en zigzag de 3 mm de ancho alrededor de cada motivo.

4 Sujete con alfileres el borde inferior del centro de los dos escudetes laterales. Enfrentando los derechos, coloque un escudete a través de la bolsa haciendo coincidir los alfileres con el punto central de la bolsa.

5 Haga dos cortes de 8 mm alineados en los márgenes de costura de la bolsa, a 1 cm de cada uno de los bordes laterales del escudete. Sujete con alfileres los bordes laterales de la bolsa a los lados del escudete.

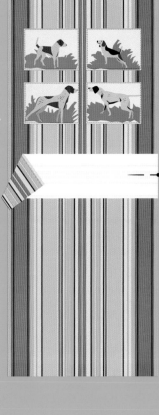

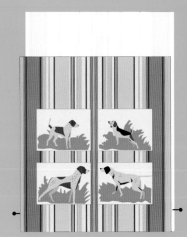

Sugerencia NECESITARÁ MÁS TELA PARA HACER UNA BOLSA DE RAYAS SIMÉTRICAS Y HACER COINCIDIR LOS ESCUDETES

LATERALES Y LAS ASAS. LA CANTIDAD DE TELA ADICIONAL DEPENDERÁ DEL ANCHO DEL DISEÑO DE RAYAS REPETIDO.

Bolsa con perros de caza

6 Cosa a máquina la bolsa al escudete dejando una costura de 1 cm. Haga tres líneas diagonales cortas de puntadas en las esquinas para reforzarlas y luego recorte el margen de costura en la esquina (*véase* pág. 20), dejándolo en 4 mm. Una el otro escudete de la misma forma.

7 Planche las costuras abiertas y luego planche hacia atrás un doblez de 3 mm alrededor de la abertura. Vuelva la bolsa del derecho y saque las esquinas con cuidado de modo que formen ángulos rectos.

8 Sujete con alfileres las dos partes del forro, enfrentando los derechos. Cosa a máquina alrededor de los bordes laterales e inferiores dejando un margen de costura de 1 cm. Planche las costuras abiertas.

9 Ahora haga una costura en T en cada una de las esquinas inferiores para darle profundidad al forro. Dóblela de manera que una de las costuras laterales quede situada a lo largo de la costura inferior. Dibuje una línea de 8 cm a través de la esquina y luego cosa a máquina sobre dicha línea. Corte la costura, dejándola en 4 mm. Haga lo mismo con la otra esquina y planche hacia atrás un doblez de 3,5 mm alrededor del borde superior.

10 Meta el forro en la bolsa, haciendo coincidir las costuras laterales. Sujete con alfileres el forro a las costuras laterales de modo que este se encuentre 3 mm por debajo del borde superior de la bolsa. Cosa a máquina a 5 mm del borde superior.

11 Para hacer las asas, planche un doblez de 1 cm a lo largo de cada borde corto y, luego, de cada borde largo de las dos tiras. Plánchelas por la mitad enfrentando los reveses. Sujete con alfileres los bordes doblados y cósalos a máquina a 3 mm del borde.

12 Sujete con alfileres e hilvane los extremos del asa a la parte trasera y a la delantera de la bolsa, y cósalas a máquina haciendo un rectángulo de puntadas de refuerzo.

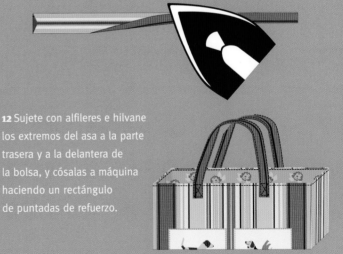

Sugerencia AUNQUE NO SIEMPRE SE VEA EL FORRO, ELLO NO QUIERE DECIR QUE TENGA QUE PASAR DESAPERCIBIDO.

PARA EL DE ESTA BOLSA HE UTILIZADO UNO DE MIS ESTAMPADOS FLORALES CON UNA GAMA DE COLORES QUE COMBINA CON LA LONA.

Bolsa para la colada

MATERIALES

tela de lino blanco de 85 × 65 cm

retales de tela floral

2 m de cinta al bies rosa

1,2 m de cordón rosa

hilo de coser a juego

kit de costura

rotulador para tejidos o lápiz de tiza

regla larga o para bordadores de colchas

cartulina

RECORTES

de la tela de lino blanco:

1 rectángulo de 82 × 62 cm

de la tela floral:

50 pétalos grandes, utilizando el patrón
   de la pág. 156: cortar un pétalo de
   cartulina y poner el patrón por el lado
   del revés de la tela y cortar dejando
   una costura de 7 mm

NIVEL DE DIFICULTAD: 2

Esta bolsa para la colada se ha decorado a mano con apliques de «pétalos» con una disposición geométrica, un diseño tradicional conocido como «círculos ocultos». Es una forma estupenda de reutilizar pequeños trozos de tela y, cuantos más estampados encuentre, más interesante será la bolsa. He elegido al azar una mezcla de retazos de mi colección de antiguas telas de algodón para corte y confección, y he añadido unas cuantas telas americanas *vintage* de sacos de pienso. Como podrá ver, una amplia variedad de diseños florales siempre combinan bien, aunque sean de distintos tamaños y colores.

1 Prepare los pétalos para la decoración con apliques. Sujete con alfileres un patrón de cartulina al revés de la tela de modo que quede centrado. Doble el dobladillo y cósalo a la cartulina con puntos de bastilla largos. Pliegue las esquinas formando puntas proporcionadas. Pásele la plancha caliente al doblez, y cuando se haya enfriado, descosa el hilo. Transcurrido un tiempo, puede que los patrones de cartulina se deformen, así que cámbielos con frecuencia.

2 Hay que colocar los pétalos con precisión antes de coserlos. Puede hacerlo a ojo o dibujando una cuadrícula sobre la tela. Doble la tela por la mitad, a lo ancho, planche suavemente el doblez y desdóblela.

3 Con un lápiz de tiza o un rotulador para tejidos un poco desgastado, dibuje suavemente un rectángulo de 30 × 40 cm en el lado derecho, a 6 cm del doblez y del borde derecho, y a 6 cm por encima del borde inferior. Marque tres puntos en las líneas superiores e inferiores, a 5 cm, 15 cm y 25 cm de las esquinas de la izquierda.

Marque cuatro puntos en las líneas laterales, a 5 cm, 15 cm, 25 cm y 35 cm por debajo de las esquinas superiores. Una los puntos para formar una cuadrícula de rombos.

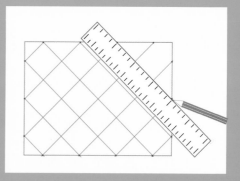

4 Coloque en diagonal 40 de los pétalos en la cuadrícula. Reorganícelos hasta conseguir una combinación de colores y un diseño equilibrados. Sujételos con alfileres, asegurándose de que las puntas se toquen.

Sugerencia CORTE TODOS LOS PÉTALOS POR LA LÍNEA DIAGONAL, AL BIES, SIGUIENDO LA FLECHA DEL PATRÓN. ESTA PARTE DE LA TELA ES LA QUE TIENE MÁS ELASTICIDAD, POR LO QUE LOS BORDES CURVOS DE LOS PÉTALOS TENDRÁN UN ASPECTO LISO Y NÍTIDO.

Bolsa para la colada

5 Cosa los pétalos con puntadas invisibles al fondo, haciendo pequeñas puntadas diagonales y utilizando hilo a juego con el color predominante de cada trozo de tela.

6 Para marcar la posición de la abertura por donde pasará el cordón de cierre, dibuje en el revés de la tela una línea a lápiz 10 cm por debajo del borde superior. Ribetee con la cinta al bies rosa el borde superior y 12 cm de cada borde lateral hasta justo debajo de la línea a lápiz.

7 Corte una tira de 64 cm de largo del trozo de cinta restante y planche un doblez de 1 cm en cada extremo. Sujete esta tira con alfileres a la línea a lápiz de modo que los extremos estén alineados con los bordes laterales. Con hilo de coser blanco, cosa a máquina por el borde superior e inferior del ribete, a 2 mm del doblez.

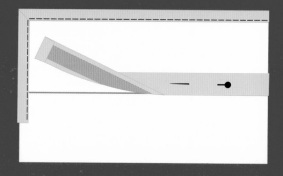

8 Vuelva a doblar la bolsa, a lo ancho, y sujete con alfileres los bordes laterales a los inferiores. Cósalos a máquina, dejando un margen de costura de 1 cm. Empezando por la esquina inferior, termine la costura haciendo puntadas angulares a través de la cinta al bies, de modo que termine justo debajo de la abertura para el cordón de cierre. Haga un sobrehilado o unas puntadas en zigzag en los márgenes de costura y vuelva la bolsa del derecho. Plánchela suavemente.

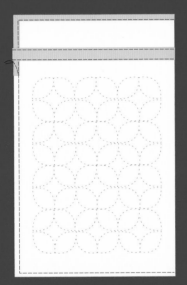

9 Coloque un imperdible en un extremo del cordón o utilice una aguja pasacintas grande. Pase el cordón por toda la abertura y sáquelo por el otro extremo.

10 Ate los extremos del cordón con un nudo flojo y corte los extremos dejándolos en 10 cm. Ahora podemos utilizar los dos pétalos restantes para hacer las lengüetas. Hilvane cada uno de los pétalos a un patrón de cartulina, sin retirar después esta última, y dóblelos por la mitad. Empezando por el doblez, cosa bien los lados hasta llegar a 5 mm de la punta del pétalo. Coloque la lengüeta sobre el extremo del cordón y cosa la punta al cordón con unas cuantas puntadas. Luego, cosa los otros lados. Repita la operación con la otra lengüeta.

Sugerencia COMO TOQUE FINAL, HE BORDADO MIS INICIALES EN LA ESQUINA INFERIOR IZQUIERDA CON PUNTOS DE CADENETA FINOS, REALIZADOS CON TRES HEBRAS DE HILO. SI DESEA REGALAR ESTA BOLSA A ALGUIEN, PUEDE BORDAR SUS INICIALES O SU NOMBRE.

Neceser floreado

NIVEL DE DIFICULTAD: 2

Una de las cosas fascinantes del *patchwork* es la forma en que se pueden ensamblar retazos estampados para crear un diseño completamente nuevo. Para elaborar este útil neceser con cierre de cremallera, corté cuadrados con dos combinaciones de colores distintas de mi dril de algodón con rayas que imitan el encaje y, luego, los fui alternando para formar un diseño a cuadros que parece tejido con galones floreados.

MATERIALES

1 m × 10 cm de tela verde con estampado floral

1 m × 10 cm de tela rosa con estampado floral

30 × 60 cm de tela de cortina de ducha impermeable

25 cm de cremallera blanca de nailon

hilo de coser a juego

kit de costura

máquina de coser

RECORTES

de la tela verde con estampado floral:

20 cuadrados de 8 cm

de la tela rosa con estampado floral:

20 cuadrados de 8 cm

2 tiradores de cremallera de 3 × 4 cm

1 Disponga los cuadrados para la parte trasera y delantera del neceser, que serán idénticas, en cuatro filas con cinco cuadrados en cada una. Alterne los colores y la dirección de las rayas para crear un efecto de tejido de esterilla. Enfrentando los derechos, una los cuadrados cosiéndolos en filas horizontales, con un margen de costura de 1 cm.

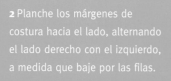

2 Planche los márgenes de costura hacia el lado, alternando el lado derecho con el izquierdo, a medida que baje por las filas.

3 Sujete el borde superior de la segunda fila contra el borde inferior de la primera fila de modo que coincida la costura y que los márgenes de costura estén pegados. Coloque un alfiler en cada una de las líneas de costura y en las esquinas y cosa a máquina a 1 cm del borde. Una las otras dos filas y repita la operación con el otro lado del neceser.

4 Planche todos los márgenes de costura abiertos para que el *patchwork* quede plano.

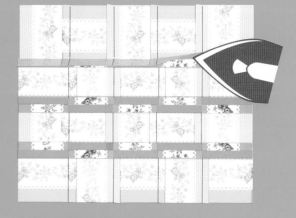

5 Marque una línea a 2,5 cm por encima del borde inferior de uno de los lados del neceser y corte por dicha línea. Dibuje un cuadrado de 2,5 cm en cada esquina y recórtelos. Haga lo mismo con el otro lado.

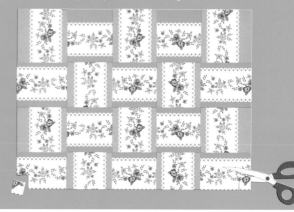

Sugerencia ESTE VERSÁTIL DISEÑO SE PUEDE ADAPTAR PARA OTROS USOS CAMBIANDO EL TAMAÑO DE LOS CUADRADOS;

HÁGALOS MÁS PEQUEÑOS PARA UN NECESER DE MAQUILLAJE O MÁS GRANDES PARA UN BOLSO CAMBIADOR.

Neceser floreado

6 Sujete ambos lados del neceser, revés con revés, a la tela impermeable para el forro. Una ambos lados cosiéndolos a máquina a 3 mm del borde y recorte cuidadosamente.

7 Enfrentando los derechos, cosa uno de los tiradores a través del extremo superior de las cintas de la cremallera. Planche la costura hacia el tirador. Coloque la cremallera a lo largo del borde superior de uno de los lados del neceser para comprobar el tamaño y cosa el otro tirador al extremo inferior de modo que el borde exterior del tirador quede alineado con el lado del neceser. (Puede coser a través de los dientes de la cremallera sin dañar la aguja de la máquina si usa una cremallera de nailon; evite el tope de metal en el extremo inferior).

8 Hilvane el borde superior de uno de los lados del neceser a la cremallera, al tirador y al tope, enfrentando los derechos. Coloque el pie para cremalleras en la máquina de coser y cosa a 6 mm del borde. Una cosiendo el otro lado del neceser, planche y cosa con puntadas vistas.

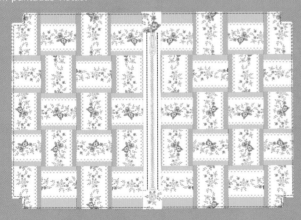

9 Abra la cremallera y vuelva el neceser del revés de modo que el *patchwork* quede en el interior. Sujete con alfileres los bordes laterales a los inferiores, dejando abiertas las esquinas cuadradas. Cosa a máquina el borde inferior con una costura de 1 cm y, luego, cosa los bordes laterales, empezando por las esquinas y cosiendo hacia la cremallera. Asegure los extremos de las costuras con puntadas hacia atrás.

10 Despliegue una de las esquinas abiertas y vuelva a doblarla de modo que las costuras laterales queden alineadas con la costura inferior. Sujete con alfileres los dos bordes y únalos cosiendo a máquina con una costura de 6 mm. Repita con la otra esquina y, luego, vuelva el neceser del derecho. Saque las esquinas hasta formar una base plana para el neceser.

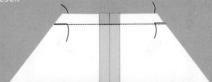

Sugerencia SI ES UN VERDADERO PERFECCIONISTA, PUEDE SOBREHILAR LAS COSTURAS INTERIORES

O RIBETEARLAS CON CINTA AL BIES, BIEN A MANO, BIEN A MÁQUINA.

Bolsa «plato de Dresde»

NIVEL DE DIFICULTAD: 1

Cuando estaba planeando el obsequio para regalar con este libro, pensé en un diseño que fuera apropiado para principiantes y a la vez lo suficientemente estimulante para las personas con experiencia. Esta bolsa «plato de Dresde» es la solución perfecta: al ser una mezcla de *patchwork*, decoración con apliques y acolchado cosido a mano, es una introducción práctica a estas tres técnicas, con una selección exclusiva de mis estampados florales, de topos y de cachemira. Y si no necesita otra bolsa, siempre puede utilizar este obsequio para hacer un cojín... En la pág. 70 verá cómo.

MATERIALES

4 cuadrados de 13 cm con estampados florales distintos

cuadrados de 13 cm de tela de topos roja, rosa y azul

30 × 75 cm de calicó

90 cm de cinta de algodón de 2 cm de ancho

papel para el patrón

hilo de coser a juego

kit de costura

máquina de coser

RECORTES

de las telas con estampado florales y las telas de topos roja y rosa:

6 pares de pétalos exteriores a juego

de la tela a topos azul:

1 círculo de 12 cm

del papel:

12 pétalos interiores

PATRONES

formas de pétalos interiores y exteriores en la pág. 156

1 círculo de 12 cm de diámetro

1 Sujete con alfileres un patrón de papel al revés de uno de los pétalos, centrado, y doble la tela sobrante sobre los dos bordes laterales, cosiendo a medida que va doblando. No se preocupe por los bordes sin coser de la punta, ya que quedarán tapados por el yoyó de tela del centro. Cuando llegue al borde curvo, haga una serie de pequeños pliegues para fruncirlo y coserlo. Hilvane la tela con puntadas pequeñas y luego cósala con puntadas dobles. Haga lo mismo con los demás patrones.

2 Disponga los doce pétalos de modo que formen un círculo y decida cómo quiere colocarlos. Puede coserlos al azar, como he hecho aquí, o colocarlos de modo que los pétalos iguales estén juntos.

3 Sujete los dos primeros pétalos, enfrentando los derechos. Empezando por la esquina derecha, únalos con una línea de sobrehilado de puntadas pequeñas, levantado solo unos cuantos hilos de la tela doblada en cada lado. Ate el hilo al llegar al extremo y una los demás pétalos para hacer la flor.

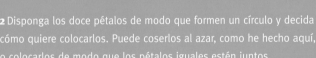

4 Planche suavemente el revés de la flor y luego descosa el hilvanado y retire los patrones.

5 Doble el calicó por la mitad, a lo largo. Coloque la flor acabada en el centro de la parte delantera de la bolsa, a unos 2 cm por encima del doblez. Sujétela con alfileres, de modo que atraviesen únicamente la parte delantera de la bolsa.

Bolsa «plato de Dresde»

6 Cosa con puntadas invisibles el borde exterior curvo de la flor a la bolsa.

7 A continuación, realice el acolchado, que le proporcionará a la flor su textura y la fijará a la bolsa. Cosa una línea de puntadas pequeñas a espacios regulares, a unos 4 mm del borde de cada pétalo, empezando y terminando en el centro.

8 Doble hacia atrás e hilvane un doblez de 5 mm alrededor del borde del círculo azul de topos utilizando una doble longitud de hilo. Tire firmemente del hilo para crear un yoyó de tela y ate bien el hilo.

9 Sujete con alfileres el yoyó al centro de la flor para esconder los extremos sin coser y cósalo con puntadas invisibles.

10 Doble de nuevo la bolsa por la mitad, con el derecho hacia dentro. Sujete con alfileres los dos lados y cósalos a máquina, dejando un margen de costura de 1 cm. Haga un sobrehilado en los bordes o unas puntadas en zigzag.

11 Planche un doblez de 5 mm alrededor de la abertura y, luego, doble hacia atrás y sujete con alfileres 2 cm de tela más para hacer un dobladillo doble. Cosa a máquina a 3 mm del borde superior y del doblez.

12 Vuelva la bolsa del derecho y saque con cuidado las esquinas con tijeras de bordar hasta que formen ángulos rectos. Planche suavemente las costuras.

13 Corte la cinta por la mitad y plánchela con un doblez de 5 cm en cada extremo. Sujete con alfileres los extremos de uno de los trozos de cinta a la parte delantera de la bolsa, a 6 cm de las esquinas, de modo que los dobleces queden alineados con la línea de puntadas inferior. Cosa los extremos con rectángulos cosidos a máquina, reforzados con dos líneas diagonales de esquina a esquina (*véase* pág. 21).

14 Haga lo mismo con la otra cinta y colóquela en la parte trasera de la bolsa en su lugar correspondiente.

Sugerencia LAS VARIACIONES DE ESTE DISEÑO HAN DADO LUGAR A ALGUNOS DE LOS TRABAJOS DE *PATCHWORK* MÁS IMPRESIONANTES DE LAS DÉCADAS DE 1920 Y 1930. ¿SE ATREVE A COSER TODA UNA COLCHA?

Cojín «plato de Dresde»

MATERIALES

los mismos materiales y utensilios
como para la bolsa «plato de Dresde»
y, además,
35 × 75 cm de tela de algodón blanco
relleno de un peluche que cumpla con las
normas de seguridad o relleno para cojines

RECORTES

del calicó:
1 parte delantera de 30 × 35 cm
2 partes traseras de 30 × 20 cm
de la tela de algodón blanco:
2 rectángulos de 32 × 27 cm para el relleno

NIVEL DE DIFICULTAD: 1

Aquí tiene una variación sobre el tema, otra forma de utilizar el obsequio que acompaña el presente libro. El calicó se corta en tres trozos, que formarán la funda, y la cinta de algodón se transforma en dos ataduras de lazo para la parte trasera del cojín. Necesitará lo mismo que para hacer la bolsa, además de tela y relleno para el interior.

1 Haga la flor de *patchwork* siguiendo los pasos 1-4 de la bolsa «plato de Dresde» de la pág. 67. Sujétela con alfileres al centro de la parte delantera del cojín y cósala a mano. Elabore el yoyó de tela y cósalo sobre los extremos sin coser siguiendo los pasos 6-9 de la bolsa «plato de Dresde».

2 Planche un doblez de 5 mm en uno de los bordes largos de la tela de la parte trasera y luego planche un segundo doblez de 1 cm para hacer un dobladillo doble. Cósalo a máquina y luego haga lo mismo con uno de los bordes largos de la tela de la parte delantera del cojín.

3 Extienda la parte delantera del cojín con el derecho hacia arriba. Coloque una de las partes traseras en el borde lateral, con los derechos hacia abajo y haciendo coincidir los bordes sin coser. Sujete con alfileres todas las capas y cósalas a máquina dejando un margen de costura de 1 cm.

4 Vuelva la funda del derecho y corte un pequeño triángulo en cada una de las esquinas a 3 mm de las puntadas. Saque con cuidado las esquinas con tijeras de bordar y planche suavemente las costuras.

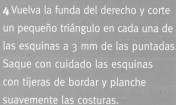

5 Corte la cinta de algodón en 4 tiras de la misma longitud y planche un doblez de 5 mm en un extremo de cada una de ellas. Sujete con 2 alfileres a la parte superior de la parte trasera, a 8 cm de las esquinas, de modo que el doblez coincida con la línea de puntadas. Cósalas a mano y corte un pequeño triángulo en los extremos sueltos.

6 Sujete con alfileres las cintas restantes a la otra tela de la parte trasera, a 5 cm de las otras dos tiras. Cósalas a mano y recorte los extremos.

7 Sujete con alfileres los dos rectángulos para el relleno. Cósalos a máquina alrededor del borde exterior, dejando un margen de costura de 1 cm y un hueco de 10 cm en uno de los bordes largos.

8 Planche el margen de costura hacia atrás, a lo largo de la abertura, y luego vuélvala del derecho. Corte y saque con cuidado las esquinas tal y como hizo con la funda del cojín, y planche las costuras. Ponga suficiente relleno y cierre la abertura con puntadas invisibles. Coloque el cojín en la funda y ate dos lazos con las cintas en la parte trasera.

Sugerencia SI NO LE APETECE HACER UN COJÍN, UTILICE UNO DE PLUMAS O DE POLIÉSTER DE 30 CM:

SE AMOLDARÁ A LA FUNDA Y PROPORCIONARÁ UN ADORABLE RELLENO.

Funda de almohada

MATERIALES

tela de lino antigua estampada

tela de lino sencilla para la parte trasera

hilo de coser a juego

kit de costura

máquina de coser

NIVEL DE DIFICULTAD: 1

Como tal vez haya observado, me apasionan los tejidos *vintage*. De hecho, los llevo coleccionando desde que tengo memoria. Y es que los tejidos antiguos tienen una cualidad especial que solo se obtiene con el uso prolongado y, además, duran mucho más tiempo. Aunque muestren desgaste, suelen tener trozos rescatables. Cuando encontré un mantel decorado con rosas en los bordes en perfectas condiciones, salvo una rasgadura en el centro, supe que merecía otra oportunidad. Así que, aquí está…, transformado en una bonita funda de almohada con un trozo de lino procedente de una sábana vieja en la parte de atrás.

RECORTES

de la tela de lino estampada:

6 cuadrados de 28 cm para la parte delantera
  (*véase* paso 1)

de la tela de lino:

1 solapa de 53 × 20 cm

1 parte trasera de 78 × 53 cm

He cortado las dos partes que aparecen arriba para que el borde original con dobladillo coincida con los lados de 53 cm. De este modo, he obtenido bordes acabados en la abertura y he tenido que ajustar el ancho de la parte trasera a 76,5 cm y el ancho de la solapa a 18,5 cm.

1 Dibuje el patrón de un cuadrado de 28 cm sobre un papel patrón que servirá como guía para cortar los trozos de tela. Evite las partes dañadas y corte un cuadrado en cada esquina de la tela y otros dos en los lados. Puede marcar guías en el patrón para asegurarse de que el diseño estampado quedará alineado con los seis cuadrados.

2 Coloque los cuadrados en orden. Empezando por la fila inferior, sujete con alfileres los bordes laterales del cuadrado central a uno de los cuadrados de la esquina, enfrentando los derechos. Cósalos a máquina dejando un margen de costura de 1,5 cm. Una el otro cuadrado de la esquina del mismo modo y, luego, una los tres cuadrados superiores.

Sugerencia EL TAMAÑO DE ESTA FUNDA TERMINADA ES DE 50 × 75 CM. PARA UNA ALMOHADA RECTANGULAR MÁS GRANDE O LARGA, TENDRÁ

QUE AJUSTAR EL TAMAÑO DE LOS SEIS CUADRADOS. PARA UNA CUADRADA, CORTE CUATRO CUADRADOS, UNO DE CADA ESQUINA DE LA TELA ORIGINAL.

Funda de almohada

3 Enfrentando los derechos, coloque las dos filas de cuadrados juntas de modo que el borde inferior de la fila superior quede pegado al borde superior de la fila inferior. Alinee las costuras y colóqueles alfileres en ángulos rectos para que coincidan de forma precisa. Sujete el resto de la costura con alfileres y cosa a máquina a 1,5 cm del borde. Planche esta costura larga abierta.

4 Si es preciso, haga un dobladillo doble estrecho a lo largo de uno de los bordes largos de la solapa de lino. Planche un doblez de 5 mm y otro de 1 cm, y cosa el pliegue con puntadas vistas. Haga un dobladillo con uno de los bordes cortos de la parte trasera de la funda si es necesario.

5 Sujete con alfileres el borde largo sin coser de la solapa a uno de los bordes cortos de la parte delantera acabada de la funda. Cósalos juntos a máquina dejando un margen de costura de 1,5 cm.

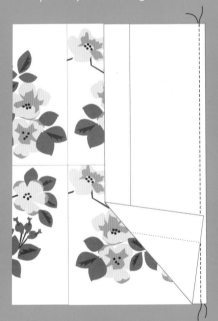

6 Extienda la parte delantera de la funda sobre una superficie de trabajo, con el derecho hacia arriba, y abra la solapa. Coloque la parte trasera de la funda sobre la solapa de modo que el borde con dobladillo se extienda a lo largo de la costura entre la solapa y la parte delantera de la funda. Doble la solapa sobre la parte trasera de aquella y sujétela con alfileres a los bordes superior, inferior y laterales.

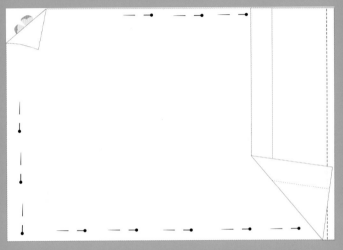

7 Cosa a máquina los bordes con alfileres y luego recorte el margen de costura dejándolo en 6 mm. Remate con un sobrehilado o unas puntadas en zigzag. Vuelva la funda del derecho, saque con cuidado las esquinas y planche las costuras.

Sugerencia UNA FUNDA DE ALMOHADA DE *PATCHWORK* CON ESTAMPADOS GRANDES PUEDE SER UN EXCELENTE ELEMENTO DECORATIVO CENTRAL

PARA LA CAMA. CORTE CUADRADOS DE 28 CM DE SEIS TELAS CON ESTAMPADOS FLORALES, DE RAYAS O DE TOPOS, O UTILICE UNA MEZCLA DE TELAS.

Cojín de alcoba

MATERIALES

120 × 60 cm de tela de forro de cortina

retazos de tela con estampados florales

8 botones

hilo de coser a juego

kit de costura

cojín de 25 × 38 cm

RECORTES

de la tela de forro:

6 plantillas de cuadrados de 26 cm

1 parte trasera de 27 × 39,5 cm

de las telas con estampados florales:

17 cuadrados de 7,5 cm

NIVEL DE DIFICULTAD: 3

Este cojín se ha elaborado con *patchwork* «ventana de catedral», una técnica a medio camino con la papiroflexia. Surgió en la década de 1930 y también era conocida como «bloque de margaritas» o «flores de celinda». Los marcos doblados en forma de pétalo muestran pequeños fragmentos de tela, y algunas «colchas encantadas» de mediados del siglo xx están compuestas por docenas de retazos de algodón estampado. En mi versión he usado retales de lencería de seda y rayón de esa época, ribeteados con una suave tela de forro de satén para conseguir un *look* más glamuroso.

1 Empiece marcando una cruz en las plantillas de cuadrados, dividiéndolos en cuatro partes, como guía para doblar con precisión. Doble los bordes laterales juntos y planche suavemente el pliegue del centro. Despliegue las plantillas y, luego, doble los bordes superior e inferior juntos y planche el pliegue. Planche un doblez de 5 mm a lo largo de cada uno de los bordes del cuadrado.

2 Con los dobleces hacia arriba, doble cada una de las esquinas hacia el centro de manera que los bordes del cuadrado estén contra las guías. Planche los dobleces diagonales de uno en uno.

3 Ahora, doble de nuevo las puntas de las esquinas hacia dentro y plánchelas.

4 Haga una pequeña puntada en forma de cruz en el centro de la plantilla de modo que atraviese todas las capas para asegurar los dobleces y sujete las puntas.

5 Sujete con alfileres las dos primeras plantillas, derecho con derecho, y sobrehíle los dos bordes superiores, tal y como se hace con el *patchwork* sobre papel (*véase* pág. 23). Una un tercer cuadrado y luego cosa juntos los tres cuadrados restantes. Sujete ambas filas de cuadrados con alfileres a lo largo de un borde largo, enfrentando los derechos, y sobrehíle. Planche suavemente del revés la pieza terminada.

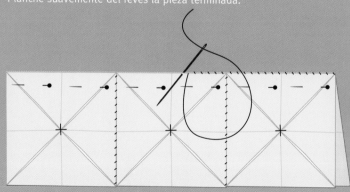

Sugerencia ALGUNAS DE LAS TELAS PARA LAS «VENTANAS» ERAN TRANSPARENTES Y SE VEÍAN LAS COSTURAS. PARA OCULTAR LOS PUNTOS DE UNIÓN HE COLOCADO CUADRADOS DE 8 CM DE TELA DE FORRO SOBRANTE TRAS LAS TELAS DE SEDA MÁS FINAS ANTES DE PLEGAR LAS CURVAS.

Cojín
de alcoba

6 Sujete con alfileres uno de los retazos a los espacios en forma de rombo entre los cuadrados, asegurándose de equilibrar los colores y los estampados.

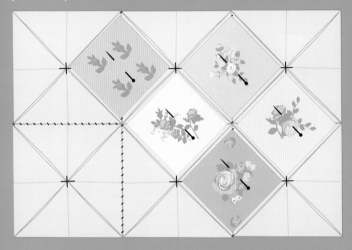

7 Gire y sujete con alfileres las plantillas para ocultar los bordes de los retazos floreados y cree curvas poco profundas.

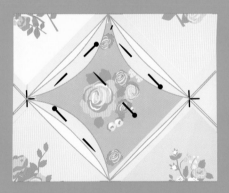

8 Cosa los bordes doblados con puntadas invisibles, atravesando todas las capas y utilizando hilo a juego.

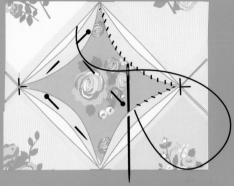

9 Para rellenar los espacios triangulares alrededor del borde, planche los retazos restantes por la mitad en diagonal. Sujételos con alfileres a los huecos y sobrehíle los dobleces hacia los bordes exteriores de las plantillas. Gírelos y cosa los dobleces diagonales como antes para ocultar los otros dos bordes.

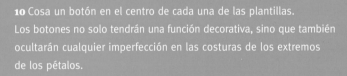

10 Cosa un botón en el centro de cada una de las plantillas. Los botones no solo tendrán una función decorativa, sino que también ocultarán cualquier imperfección en las costuras de los extremos de los pétalos.

11 Dé forma al cojín planchando un doblez de 1 cm alrededor de la parte trasera. Compruebe que tenga el mismo tamaño que la parte delantera acabada. Ajuste los dobleces si es necesario y sujete una parte a la otra con alfileres, enfrentando los reveses. Sobrehíle dos bordes largos y uno corto, introduzca el cojín y, por último, sujete con alfileres y cosa la abertura.

Sugerencia SI LE HA GUSTADO ESTA INTERESANTE TÉCNICA, ¿POR QUÉ NO ATREVERSE CON UNA COLCHA ENTERA? NO TENDRÁ QUE HACER UNA

PARTE TRASERA NI UTILIZAR TELA DE FORRO, POR LO QUE PODRÁ CONFECCIONARLA RÁPIDAMENTE. Y, PUESTO QUE ESTARÁ COSIDA A MANO, SERÁ MUY VERSÁTIL.

Original cojín de retazos

MATERIALES

selección de telas bordadas

cuadrado de 50 cm de tela de lino blanco
   para la parte delantera del cojín

cuadrado de 40 cm de guinga para la parte
   trasera del cojín

170 cm de cinta al bies rosa

170 cm de cordón fino para el ribete

cojín cuadrado de 40 cm

hilo de coser a juego

2 madejas de hilo de bordar trenzado
   de algodón, de color rosa

kit de costura

NIVEL DE DIFICULTAD: 3

Antaño las mujeres se pasaban horas cosiendo tejidos para el hogar con gran paciencia: telas para bandejas, manteles para tocadores, servilletas y alfombras de pasillo, cosas que rara vez utilizamos hoy en día. En lugar de guardarlos en un cajón, quería darles a estos bellos bordados una nueva oportunidad. Este cojín de *patchwork* «loco» es mi tributo al trabajo de nuestras abuelas.

1 Elija las telas con los bordados más interesantes. Corte cada uno de los retazos en una forma de múltiples lados, con bordes rectos.

2 Dibuje un cuadrado de 40 cm en el centro de la tela de lino blanco para la parte delantera del cojín, marcando cada línea con una regla, de lado a lado o de la parte superior a la inferior. Empezando por el centro, disponga los retazos sobre la tela de lino a modo de «loco adoquinado». Superponga un poco los bordes y cubra del todo el cuadrado con los retazos. Luego sujétalos con alfileres.

3 Haga un doblez hacia abajo de 5 mm a lo largo de los bordes más altos y cosa los retazos al lino con pequeñas puntadas invisibles de hilo blanco, tan cerca de los dobleces como sea posible.

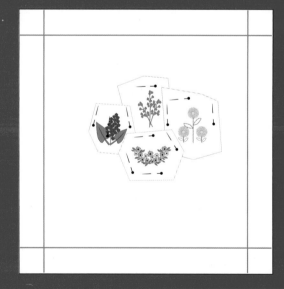

4 Vuelva a dibujar el cuadrado de 40 cm, repasando los bordes de los retazos que se superponen un poco al contorno.

Sugerencia LAVE Y PLANCHE TODAS LAS TELAS, Y DESCARTE CUALQUIER PARTE DESGASTADA O MANCHADA.

QUIZÁ EL COLOR DE UNA TELA VARÍE DEL BLANCO IMPOLUTO AL CREMA, PERO ESTO SOLO LE DA MÁS ENCANTO.

Original cojín de retazos

5 Enhebre una aguja de ojo largo con tres hebras de hilo de bordar rosa y cosa una línea de puntos de pluma (*véase* pág. 29) sobre cada borde doblado. Asegúrese de que las líneas exteriores de puntos terminen a 5 mm del contorno marcado en lápiz.

6 Corte la parte delantera del cojín a medida por las líneas de lápiz. Planche un doblez hacia atrás de 1 cm a lo largo de cada borde. Haga las esquinas en inglete (*véase* pág. 21) y, luego, hilvane el doblez.

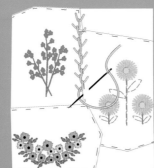

7 Prepare el ribete doblando la cinta al bies sobre el cordón e hilvanando los dos lados juntos. Coloque el pie para cremalleras en la máquina de coser y haga una línea de puntadas rectas cerca del cordón (esto mantendrá el ribete fijo cuando cosa a mano la funda).

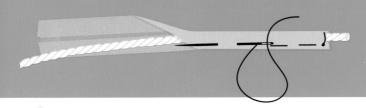

8 Empezando cerca de una de las esquinas, sujete con alfileres el ribete alrededor del borde de la funda de manera que el cordón se asome por el borde. Cósalo a mano con hilo de coser de algodón blanco. Deje los tres primeros centímetros sin coser y realice puntadas invisibles, cercanas entre sí, alrededor de los cuatro bordes. Cuando haya terminado de hacer las puntadas, doble los dos extremos hacia atrás de modo que estén pegados uno al otro. Cosa del revés y corte, reduciendo a 2 cm.

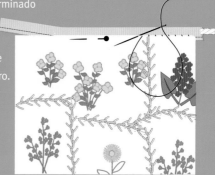

9 Planche 1 cm hacia atrás alrededor de la parte trasera del cojín, haciendo las esquinas en inglete del mismo modo que con la parte delantera.

10 Sujete con alfileres la parte trasera a la delantera y cosa el cojín con puntadas invisibles alrededor de tres lados, cosiendo a través de la cinta al bies. Introduzca el cojín en la funda y cosa el lado que falta.

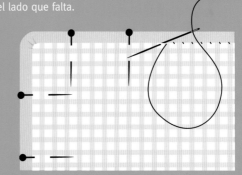

Sugerencia GUARDE LOS TROZOS SOBRANTES MÁS PEQUEÑOS DE TELAS LISAS Y ESTAMPADAS DE SUS OTROS TRABAJOS

DE COSTURA Y UTILÍCELOS PARA LLEVAR A CABO UNA VERSIÓN CON ESTAMPADOS MÁS VIVOS DE ESTA ECONÓMICA TÉCNICA.

Funda con retazos

MATERIALES

una selección de telas de algodón
   de rayas y de cuadros, en tonos rojos,
   azules y blancos
una camisa de algodón con botones
una tela a cuadros rojos y blancos
   para la parte trasera
hilo de coser a juego
regla para bordadores de colchas
cortador rotativo y plancha de corte
lápiz blando y regla
kit de costura
máquina de coser

NIVEL DE DIFICULTAD: 2

La combinación de estilo campestre de rojos, azules y blancos se ha reinterpretado muchas veces a lo largo de los años. Para darle a esta funda de almohada un aspecto más definido y contemporáneo, he optado por un diseño de triángulos repetidos en algodón rescatado de ropa de cuadros y de rayas. Con el fin de evitar costuras complicadas, he reciclado la parte delantera de una camisa para hacer la abertura con botones.

1 Lave y planche todas las telas y, luego, recorte dieciocho cuadrados oscuros y otros tantos claros de 14 cm. Con una regla y un lápiz blando afilado, dibuje una línea diagonal a través de cada uno de los cuadrados claros, de esquina a esquina. Enfrentando los derechos, sujete de dos en dos (uno oscuro y uno claro) los cuadrados con alfileres. Cosa a máquina dos líneas paralelas a través de los cuadrados, cada una de ellas a 6 mm de la línea diagonal. Corte los cuadrados por la línea.

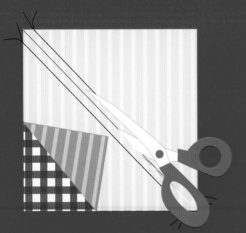

2 Corte los triángulos, para formar cuadrados de 11,5 cm y planche todos los márgenes de costura hacia los triángulos oscuros. Dispóngalos en cinco filas horizontales de siete cuadrados en cada una de ellas, con los triángulos oscuros orientados hacia la esquina inferior derecha. Tómese su tiempo para reorganizarlos y conseguir que los estampados y los colores queden equilibrados.

3 Junte los cuadrados en filas verticales de cinco cuadrados en cada una de ellas, empezando por la esquina superior izquierda. Sujete con alfileres los dos primeros cuadrados, enfrentando los derechos, de modo que el borde inferior del primero se extienda a lo largo del borde superior del segundo. Cosa a máquina, dejando un margen de costura de 6 mm y, luego, una los otros tres cuadrados de la misma manera. Compruebe que todos los triángulos oscuros estén apuntando en la misma dirección, ya que es muy fácil equivocarse y colocarlos al revés.

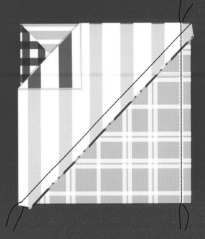

Sugerencia LA FUNDA DE ALMOHADA SE PUEDE CONFECCIONAR RÁPIDAMENTE UTILIZANDO UN CORTADOR ROTATIVO Y UNA REGLA PARA BORDADORES DE COLCHAS PARA HACER LOS «TRIÁNGULOS DE MEDIO CUADRADO». APRENDA CÓMO UTILIZAR UN CORTADOR ROTATIVO EN LA PÁG. 17.

Funda
con retazos

4 Cuando haya terminado de coser la fila, planche todos los márgenes de costura rectos hacia el primer cuadrado. Haga otras seis filas de la misma manera.

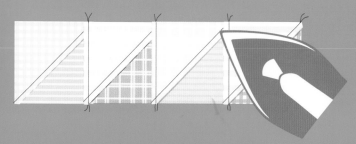

5 Ahora, junte las filas. Enfrentando los derechos, sujete el borde izquierdo de la primera fila contra el borde derecho de la segunda, haciendo coincidir exactamente las costuras. Coloque un alfiler en cada línea de costura y en ambas esquinas.

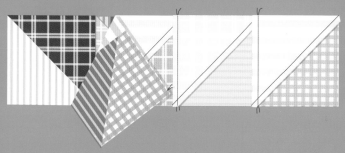

6 Cosa a máquina a 6 mm del borde y, luego, añada las otras cinco filas. Planche todas las costuras en la misma dirección, hacia la derecha.

7 Corte un rectángulo de tela de cuadros de exactamente el mismo tamaño que el *patchwork* terminado: formará la parte trasera de la funda.

8 Recorte la tira de los ojales y la de los botones de la camisa. Cada tira deberá tener 6 cm de ancho y ser lo más larga posible.

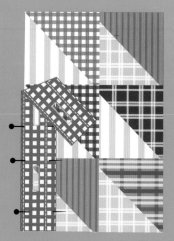

9 Enfrentando los derechos, sujete con alfileres la tira de los ojales al borde izquierdo del *patchwork* en la parte delantera y cosa a máquina dejando un margen de costura de 6 mm. Remate la costura con un sobrehilado o puntadas en zigzag y planche en la dirección opuesta a los ojales.

10 Sujete con alfileres la tira de los botones a la parte trasera de la funda, con el revés de la tira a lo largo del derecho de la funda. Asegúrese de que los botones queden alineados con los ojales y, luego, cosa y remate la costura.

11 Enfrentando los derechos, sujete con alfileres los bordes superior, derecho e inferior de la parte delantera a los de la parte trasera. Cósalos a máquina a 6 mm del borde y remate la costura. Vuelva la funda del derecho, saque las esquinas y planche las costuras laterales.

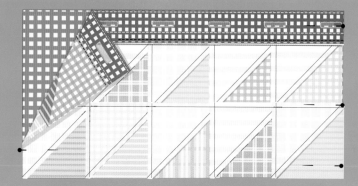

Sugerencia PARA DARLE A LA TIRA DE LOS BOTONES UN ASPECTO MÁS INTERESANTE, HE QUITADO

LOS BOTONES ORIGINALES Y HE PUESTO UNA SELECCIÓN MULTICOLOR QUE TENÍA GUARDADA DE OTRAS CAMISAS.

Cojín con yoyós de tela

MATERIALES

120 × 40 cm de tela roja de topos

120 × 25 cm de tela azul de topos

unos 100 × 25 cm de telas blancas
    con estampados florales

94 × 42 cm de tela de algodón en azul liso

bolsitas de té

un barreño

cuchara de madera

hilo de coser a juego

máquina de coser

kit de costura

cojín cuadrado de 40 cm

RECORTES

de la tela roja de topos:

45 círculos

de la tela azul de topos:

16 círculos

de las otras telas estampadas:

20 círculos

NIVEL DE DIFICULTAD: 3

Cuando descubrí un cuadrado de *patchwork* con yoyós de tela entre un fardo de tejidos *vintage*, supe que los tejidos, bonitos y ligeramente desteñidos, merecían una segunda oportunidad. Cosí el cuadrado a la parte delantera de un cojín de color rosa liso y me quedé muy satisfecha con la forma en que el color vivo se asomaba a través los espacios entre los yoyós. De aquí nació mi inspiración para crear una funda de cojín para mis propias telas con estampados de topos, estrellas y flores. Pero para conservar la suavidad de la pieza original, sumergí las telas en té fuerte con el fin de atenuar los colores.

1 Lave y planche las telas nuevas para eliminar el encolado utilizado en el proceso de fabricación. Prepare el tinte dejando en infusión cinco bolsitas de té (utilice un té negro fuerte como el English Breakfast en lugar de tes frutales o herbales) en un barreño con agua muy caliente. Retírelas cuando hayan transcurrido unos 15 minutos.

2 Introduzca las telas y déjelas en remojo durante 30 minutos, removiéndolas con una cuchara de madera de vez en cuando para teñirlas de modo uniforme. Aclárelas, deje que se sequen y plánchelas bien. Tenga en cuenta que, cuando las telas se hayan secado, tendrán un tono más claro, así que si quiere que sean más oscuras, repita la operación.

3 Trace un patrón de 11 cm de diámetro sobre un papel y utilícelo como guía para cortar los círculos de tela que aparecen en la lista de recortes.

4 Enhebre una aguja larga con un trozo largo de hilo y ate los extremos para que sea doble.

5 Para transformar un círculo de tela en un yoyó, haga un doblez de 5 mm alrededor de la circunferencia y cósalo con puntos de bastilla espaciados de forma uniforme. Cuanto más pequeños sean los puntos, más finos serán los frunces; los de este cojín tienen 8 mm de largo y espacios iguales entre sí.

6 Saque la aguja con cuidado, tirando del hilo para fruncir el círculo. Si es necesario, utilice la punta de la aguja para empujar hacia dentro los bordes sin coser. Vuelva a introducir la aguja en el yoyó y asegure bien el hilo en el revés de la tela con algunos pespuntes cortos. Ate y corte el hilo cerca de la superficie de la tela.

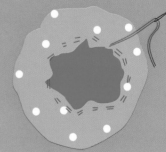

Sugerencia LOS YOYÓS DE TELA SE PUEDEN UNIR DE MUCHAS MANERAS; PRUEBE A COLOCARLOS EN HILERAS RECTAS, EN LÍNEAS

DIAGONALES, DE MODO QUE FORMEN CUADRADOS O, SIMPLEMENTE, DE CUALQUIER MODO PARA ASÍ OBTENER UN DISEÑO MENOS FORMAL.

Cojín con yoyós de tela

7 Disponga los yoyós terminados en nueve filas con otros tantos en cada una y los rojos de topos alrededor del borde exterior y formando una cruz en el centro. Coloque en los espacios entre la cruz cinco yoyós blancos y cuatro azules de topos.

8 Una la primera fila de yoyós. Sujete las dos primeras filas juntas enfrentando los derechos y haga varias puntadas de sobrehilado, pequeñas y apretadas, para unir los bordes. Lleve la aguja al lado opuesto del yoyó y cosa el siguiente de la misma manera. Siga haciendo lo mismo a lo largo de toda la fila, asegurándose de que las puntadas formen una línea recta, y asegúrelas bien. Una las otras ocho filas del mismo modo y dispóngalas en el orden correcto.

9 Ahora viene la parte complicada: unir las filas. Empiece por sujetar las dos superiores juntas, enfrentando los derechos. A continuación, una el primer yoyó de cada una de las filas con unas cuantas puntadas y lleve la aguja al borde inferior de la segunda fila. Cosa este punto al primer yoyó de la tercera fila y repita esta operación hasta coser todos los primeros yoyós de las filas.

10 Una todos los segundos yoyós de las filas, luego los terceros y siga así hasta terminar la funda. Fíjese si hay alguna costura floja y vuélvala a coser firmemente.

11 Haga un dobladillo doble de 1 cm en cada extremo corto del rectángulo de tela azul y plánchelos.

12 Coloque la tela boca arriba sobre una superficie de trabajo y doble hacia atrás 25 cm en cada esquina. Sujete con alfileres el borde superior al inferior a través de todas las capas y cosa a máquina dejando un margen de costura de 1 cm.

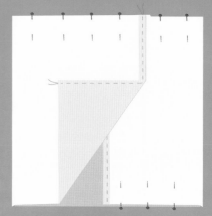

13 Vuelva la funda del derecho y plánchela. Colóquela boca abajo sobre la parte delantera del cojín con los yoyós. Ajuste la posición de modo que medio círculo sobresalga en cada borde. Sujete la funda a la parte delantera del cojín y únalas con puntadas invisibles alrededor del borde de la funda. Introduzca el cojín en la funda.

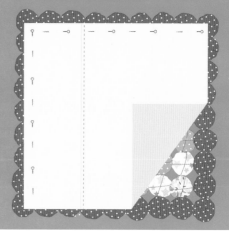

Sugerencia SI NO BEBE TÉ, NO SE PREOCUPE: EL CAFÉ FUERTE, RECIÉN HECHO, TAMBIÉN SIRVE

PARA CAMBIAR EL COLOR DE LAS TELAS, A LAS QUE LES DARÁ UN TONO MARRÓN MÁS CÁLIDO.

Cojín
para niños

MATERIALES

un mínimo de:

  60 × 40 cm de tela de cuadros

  40 × 10 cm de tela con estampados
    florales pequeños y 40 × 10 cm de tela
    con estampados florales grandes

sobres viejos y papel

hilo de coser a juego

máquina de coser

kit de costura

cojín de 25 cm

PATRONES

de la tela de cuadros:

1 cuadrado de 10 cm

2 trozos para la parte trasera de 16 × 26 cm

de la tela con estampados florales pequeños:

4 cuadrados de 10 cm

de la tela con estampados florales grandes:

4 cuadrados de 10 cm

del papel:

9 patrones de cuadrados de 8 cm

NIVEL DE DIFICULTAD: 1

Esta sencilla funda de cojín, hecha con nueve cuadrados de tela de colores vivos, rinde homenaje a uno de los primeros proyectos de costura que hice cuando era niña. Recuerdo perfectamente cómo iba cubriendo de uno en uno los patrones con tela y la gran sensación de triunfo que tuve cuando aprendí a coserlos. Es un buen punto de partida para principiantes de *patchwork* de estilo inglés.

1 Enhebre la aguja y manténgala a mano. Sujete con alfileres y de modo centrado un cuadrado de papel a la parte de atrás de uno de los cuadrados de tela, dejando un margen de 1 cm alrededor del papel.

2 Doble hacia atrás el margen superior, sobre el patrón. Empezando por el nudo de la derecha, cosa la tela al papel con puntos de bastilla largos. Doble la tela sobre el siguiente margen de modo que quede un ángulo recto en la esquina. Hilvane este borde y, luego, cosa juntos los otros dos bordes. Haga puntadas dobles para asegurar el hilo y corte el extremo de este dejándolo en 2 cm. Cubra todos los patrones de la misma forma.

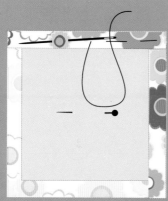

3 Utilizando como guía la fotografía de la pág. siguiente, disponga los cuadrados en tres filas con tres en cada una de ellas. Coloque el cuadrado de la tela de cuadros en el centro y ponga a su alrededor los ocho con estampados florales.

4 Recoja los dos primeros cuadrados de la fila superior. Con los lados de tela uno frente al otro, sujételos juntos de modo que el borde izquierdo del segundo cuadrado coincida con el borde derecho del primero (¡no se preocupe, lo entenderá cuando lo haga!).

5 Empezando por la esquina derecha, una los dos cuadrados con un sobrehilado de puntadas pequeñas.

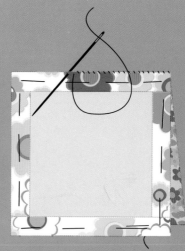

6 Una el tercer cuadrado para acabar la fila y, luego, haga las otras dos filas.

Sugerencia HACER LA FUNDA DE COJÍN A MÁQUINA ES REALMENTE UN TRABAJO PARA ADOLESCENTES Y ADULTOS, PERO ES UNA

BUENA LECCIÓN DE COSTURA PARA NIÑOS MAYORES BAJO LA SUPERVISIÓN DE UN ADULTO, YA QUE LAS COSTURAS SON MUY SENCILLAS.

Cojín
para niños

7 Ahora es el momento de coser las otras tres filas de la misma manera, asegurándose de que coincidan las líneas de costura a medida que avanza. Cuando se esté acabando el hilo, cosa tres puntadas en la dirección opuesta para asegurar el final de la costura y corte la punta del hilo, reduciéndola a 5 mm.

8 Cuando haya terminado de coser, descosa y retire los papeles. Luego, despliegue los dobleces alrededor del borde exterior y plánchelos de manera que queden planos.

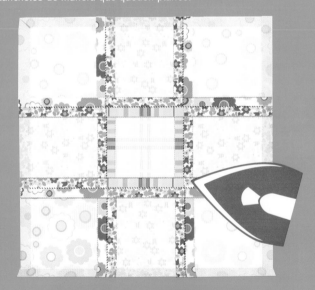

9 Planche un doblez doble de 1 cm a lo largo de un borde largo de cada uno de los trozos de tela para la parte trasera y cósalo a mano o a máquina.

10 Coloque la parte delantera de la funda sobre una superficie de trabajo con el lado derecho hacia arriba. Ponga uno de los trozos para la parte trasera, boca abajo, a la izquierda de la parte delantera de modo que coincidan los bordes sin coser. Coloque el otro trozo para la parte trasera a la derecha y, luego, sujete las distintas capas con alfileres alrededor de los cuatro lados.

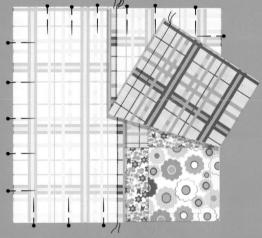

11 Cosa a máquina alrededor del borde de la funda, dejando un margen de costura de 1 cm.

12 Corte un pequeño triángulo en cada esquina, a 5 mm de las costuras. Vuelva la funda del derecho, saque con cuidado las esquinas y, con la ayuda de un lápiz, haga que formen ángulos pronunciados. Planche suavemente las costuras e introduzca el cojín en la funda.

Sugerencia CONVIERTA ESTE COJÍN EN UN RECUERDO DE LA NIÑEZ UTILIZANDO RETAZOS DE TELA DE CAMISAS, BLUSAS Y VESTIDOS QUE SE HAYAN QUEDADO PEQUEÑOS. AÑADA TAMBIÉN UNOS CUANTOS BOTONES Y MOTIVOS BORDADOS DE LAS PRENDAS COMO ELEMENTOS DECORATIVOS ADICIONALES.

Pelota con pentágonos

MATERIALES

12 retazos de tela de algodón
  (cuadrados de al menos 15 cm)
sobres usados o cartas viejas
hilo para hilvanar
hilo de coser a juego
250 g de relleno de poliéster de un peluche
kit de costura

NIVEL DE DIFICULTAD: 2

Toda estrella del deporte en ciernes tiene que empezar por algún lado, así que seguro que esta pelota blanda de *patchwork* le proporcionará a su bebé horas de entrenamiento futbolero. Está hecha con doce pentágonos cosidos a mano, una adaptación de la técnica habitual de «panal de hexágonos», y las telas con dibujos infantiles son una mezcla de hallazgos *vintage* y mis propios estampados para niños.

1 Trace o fotocopie el patrón para el pentágono de la pág. 156. Utilizándolo como guía, recorte doce pentágonos en papel reciclado.

2 Sujete con alfileres un pentágono de papel al revés del primer retazo de tela de modo que en el centro haya algún motivo o estampado interesante. Corte la tela al mismo tamaño que el patrón, pero incluya un margen de aproximadamente 1 cm de los bordes del papel. Doble el margen de la tela sobre cada uno de los lados del pentágono de papel, cosiéndolo a los lados del papel, de uno en uno.

3 La pelota se hace en dos mitades. Cuando haya cubierto todos los papeles, decida la disposición de los pentágonos para ambas partes. Elija los dos diseños más destacables y disponga cinco pentágonos alrededor de cada uno, equilibrando los colores.

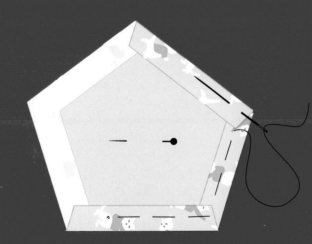

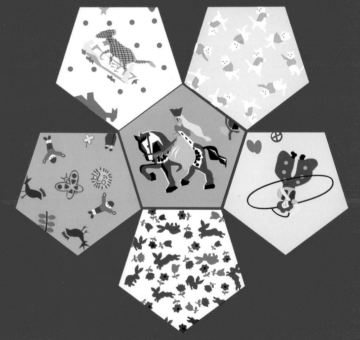

Sugerencia LA PELOTA MIDE UNOS 15 CM DE DIÁMETRO, PERO PUEDE CAMBIAR EL TAMAÑO DEL PATRÓN PARA QUE SEA MÁS GRANDE

O MÁS PEQUEÑA; UN PENTÁGONO DE 2,5 CM SERVIRÁ PARA HACER UNA PELOTA MUY PEQUEÑA QUE PODRÍA UTILIZARSE COMO DECORACIÓN NAVIDEÑA.

Pelota con pentágonos

4 Sujete el pentágono del centro junto con uno de los del borde, enfrentando los derechos. Introduzca la aguja y sáquela por la esquina derecha del pentágono delantero. Luego, sobrehíle uno de los bordes y cosa unas cuantas puntadas más en cada extremo de la línea de puntadas para reforzar la costura.

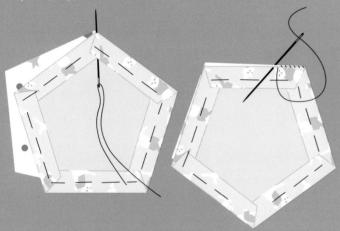

5 Cosa el tercer pentágono al siguiente borde del pentágono del centro de la misma manera que antes. Para unir el segundo y el tercer pentágono, doble el del centro por la mitad de modo que los otros dos queden frente a frente. Cosa los dos bordes contiguos para unirlos. Repita la operación con los tres pentágonos restantes, y luego, elabore la otra mitad de la pelota.

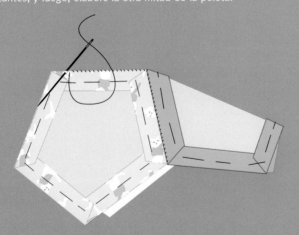

6 Cosa juntas las dos mitades, asegurándose de reforzar todas las esquinas. En este paso puede resultar un tanto difícil sujetar la pelota, así que tómela de la manera que le resulte más cómoda y vaya ajustando las dos partes a medida que cose cada par de lados. Deje los dos últimos bordes sin coser.

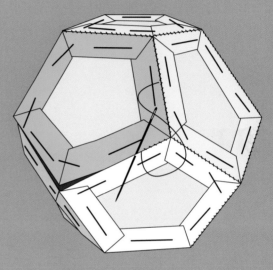

7 Descosa todos los pentágonos de papel y retírelos. Vuelva la pelota del derecho por la abertura y rellénela. Siga rellenándola hasta que tenga una buena redondez y, por último, sobrehíle la abertura para cerrarla.

Perro de trapo

NIVEL DE DIFICULTAD: 3

Este es uno de mis proyectos favoritos, una versión en *patchwork* de mi perro Stanley. Tengo que admitir que es casi tan adorable como el perro original..., ¡y se porta mucho mejor! Está hecho con una mezcla ecléctica de mis telas ligeras en tonos rojos y azules, conseguidas en mercerías. Cuenta con estampados de topos, flores, vaqueros y, por supuesto, del propio sello distintivo de mi mascota: un Stanley en miniatura.

1 El cariñoso Stanley se compone de dos partes laterales exactamente iguales, unidas con un refuerzo de presilla. Para hacer la parte lateral derecha, empiece por colocar 35 cuadrados y 5 triángulos tal y como se muestra en la imagen. Enfrentando los derechos, sujete con alfileres y cosa los recortes de tela de cada una de las filas horizontales.

2 Planche hacia la izquierda los márgenes de costura de la fila superior y, luego, planche hacia la derecha las costuras de la siguiente fila. Planche todas las demás filas, alternando la dirección en la que se encuentran. Las costuras del hocico se hallan a la derecha, al igual que las dos filas superiores de las patas. Las filas inferiores de las patas quedan a la izquierda.

3 Para montar el cuerpo, sujete con alfileres el borde inferior de la fila superior de la cabeza al borde superior de la siguiente fila hacia abajo, haciendo coincidir las costuras. Cósalos a máquina. Plánchelos y también todas las demás costuras horizontales hacia abajo.

4 Ahora, una la cabeza a la fila superior del cuerpo. Añada el hocico, las otras dos filas del cuerpo, las dos patas y la cola. Forme la cara derecha del cuerpo de la misma manera, invirtiendo la dirección.

MATERIALES

telas de algodón ligeras con estampados diversos
retazo de fieltro o cuero negro
7 litros de relleno de peluche de poliéster
2 botones negros de 2 cm cada uno
máquina de coser
kit de costura

PATRONES

Trace o fotocopie los patrones del triángulo, del hocico y de las orejas de la pág. 157

RECORTES

de las telas con estampados diversos
100 cuadrados de 7 cm
10 triángulos
5 rectángulos de 7 × 10 cm
de la tela roja de topos:
4 orejas
del fieltro o cuero:
1 hocico

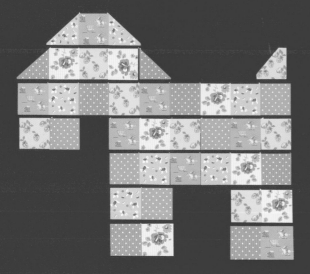

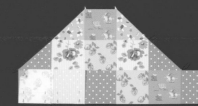

5 Enfrentando los derechos, sujete con alfileres las orejas, de dos en dos, y cosa alrededor de los bordes curvos. Corte la costura reduciéndola 3 mm en los extremos. Vuelva la tela del derecho y plánchela. Hilvánela a la parte superior de la cabeza.

Sugerencia LA SEGURIDAD ES PRIMORDIAL: RECUERDE QUE CUALQUIER RELLENO EMPLEADO PARA PELUCHES

DEBE CUMPLIR CON LAS NORMAS DE SEGURIDAD VIGENTES Y QUE ESTE JUGUETE SOLO ES PARA NIÑOS MAYORES.

6 El refuerzo consiste en una mezcla de cuadrados y rectángulos. Estos últimos se hallan al lado de los triángulos de la cabeza y la cola, y los cuadrados se encuentran al lado de los demás cuadrados del cuerpo. Cada uno de los dieciséis bordes rectos se montan por separado y luego se juntan para formar una presilla.

7 Empiece por la cola y junte seis cuadrados para la parte de atrás del perro. Cosa dos cuadrados para la pata trasera, dos para la parte interior de la pierna, dos para el vientre y así hasta llegar a la punta del hocico. Cosa dos rectángulos para la frente, elija un recorte individual para la coronilla, dos rectángulos para la parte de atrás de la cabeza, tres cuadrados para el lomo y el último rectángulo para la cola. Planche las costuras en una dirección y disponga todas las piezas en su sitio, alrededor de la cara izquierda del cuerpo.

9 De nuevo, empezando por la punta de la cola, sujete con alfileres la presilla al cuerpo, enfrentando los derechos. Despliegue los extremos abiertos de las costuras de forma que el refuerzo quepa bien en las esquinas. Cosa el refuerzo alrededor de todo el perro, a 6 mm del borde. Una la cara derecha del cuerpo del mismo modo, sin coser el vientre.

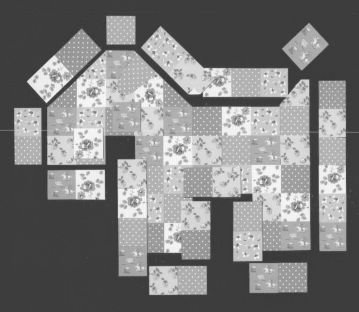

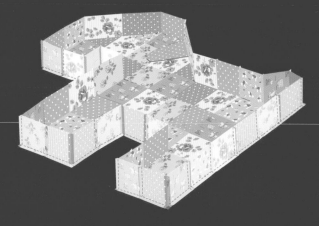

8 Coloque una chincheta de color en el trozo de tela superior de la primera tira para que pueda volver a encontrarlo. Enfrentando los derechos, sujete con alfileres la parte inferior de la tira de la planta de la pata al extremo inferior. Cósalos juntos, dejando 6 mm sin coser en cada uno de los extremos de la costura. Junte el resto de las tiras y recortes individuales de la misma forma y únalos para formar una presilla. Planche las costuras abiertas.

10 Vuelva del derecho el perro y saque las esquinas. Coloque el relleno, metiéndolo hasta las patas, el hocico y la cola, y luego en la cabeza y el cuerpo. Utilice el mango de una cuchara de madera para meter bien el relleno. Cosa la abertura con puntadas invisibles de hilo doble.

11 Cosa bien los dos ojos a los lados de la cabeza y cosa el hocico con un sobrehilado de puntadas pequeñas.

12 Haga un collar con una tira de algodón de color rojo de 35 × 10 cm. Plánchela por la mitad, a lo ancho, y luego planche un doblez de 1 cm en ambos bordes largos. Vuelva a doblarla y cósala con puntadas vistas, a 3 mm de cada borde. Doble los bordes hacia dentro y coloque el collar en el cuello. Corte los extremos para que encajen bien y cósalos juntos.

Sugerencia COMO TOQUE FINAL, ENCARGUÉ QUE ME GRABARAN EL NOMBRE DE MI PERRO EN UNA PLACA DE IDENTIFICACIÓN

EN FORMA DE HUESO PARA COLGARLA EN EL COLLAR DE TELA. SEGURO QUE EL CERRAJERO DE SU BARRIO TIENE ALGO PARECIDO.

Manta con conejito

MATERIALES

cuadrado de 45 cm de lona de 10 hilos

marco para tapiz

manta de color crema con flecos

15 × 13 cm de fieltro de color azul

hilo de coser a juego

retazo de fieltro de color naranja

una cantidad pequeña de relleno
  de peluche de poliéster

hilo de bordar trenzado de color verde
  y negro

papel de calco y un lápiz

kit de costura

PATRONES

Conejito (*véase* pág. 158)

NIVEL DE DIFICULTAD: 1

Me gusta tanto este adorable conejito que lo he utilizado en dos ocasiones de dos maneras bastante distintas. Aquí está la primera versión, con el conejito en lana afieltrada, ligeramente relleno y colocado en la esquina de una manta clásica de color crema. Échele un vistazo a la segunda versión en la pág. 141: un conejito floreado (o dos) quedará igual de bien en la manta y podría modificar el tamaño para acoger a una familia entera de conejos.

1 Trace o fotocopie el patrón del conejo de la pág. 158 y recórtelo por el borde exterior. Sujételo al fieltro con alfileres y, luego, recórtelo tan cerca del papel como sea posible.

2 Sujete el conejito con alfileres a una esquina de la manta. Cósalo a la manta a mano con un sobrehilado de puntadas muy pequeñas y deje 3 cm sin coser en el centro de la espalda.

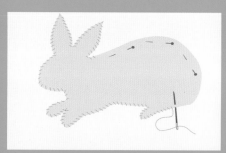

3 Meta pequeñas cantidades de relleno de poliéster por la abertura, utilizando un lápiz para introducirlo bien en la cabeza, las patas y la cola, y luego cosa la abertura.

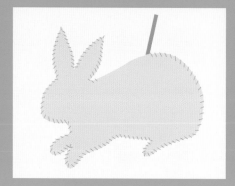

4 Borde los ojos y el hocico con puntadas satinadas (*véase* pág. 28), utilizando una sola hebra de hilo de bordar de algodón negro. Añada unas cuantas puntadas rectas y cortas de hilo negro para los bigotes.

5 Empleando hilo azul, haga puntos de bastilla pequeños en las líneas curvas de las patas delanteras y traseras, siguiendo el patrón. En un trozo de fieltro de color naranja, recorte una zanahoria pequeña y cósala por el borde con hilo a juego. Cosa unos puntos de cadeneta largos y estrechos con hilo de color verde o varias puntadas rectas en la parte superior de la zanahoria (*véase* pág. 29).

6 Para hacer la cola, corte cuidadosamente uno de los flecos del borde exterior de la manta (a ser posible el del lado opuesto al conejito). Enrolle dicho fleco para formar un óvalo y cósalo firmemente con puntadas largas en el lugar que le corresponde.

Sugerencia DEBIDO A LA COLA EN RELIEVE Y A LOS FLECOS DE LANA, LAS MANTAS DECORADAS COMO ESTA SOLO SON APTAS PARA NIÑOS MAYORES, YA QUE PUEDEN SUPONER UN RIESGO DE ASFIXIA PARA LOS BEBÉS.

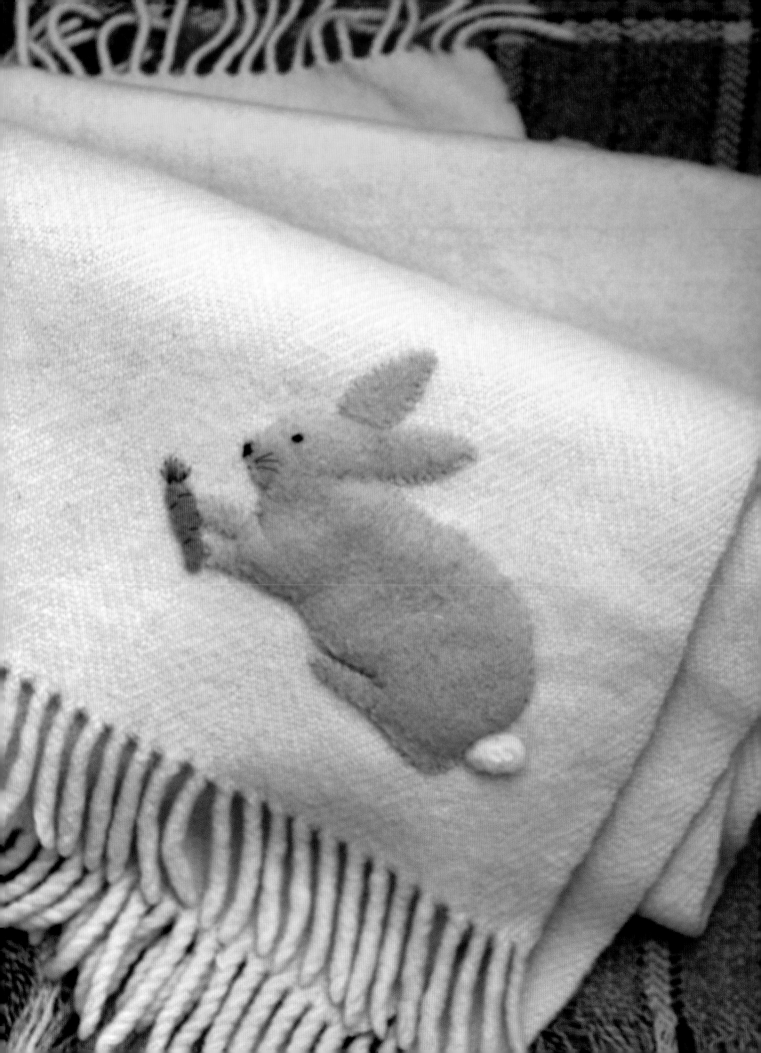

Colcha
de estrellas

MATERIALES

para cada bloque:

cuadrado de 45 cm de tela de algodón blanca

4 telas con estampados distintos,
de 25 × 20 cm cada una

cuadrado de 10 cm de tela más oscura

cuadrado de 10 cm de entretela termofusible

tela estampada para los ribetes

hilo de coser a juego

kit de costura

máquina de coser

RECORTES

para cada estrella:

8 puntas de estrella, 2 de cada tela

para los ribetes:

una tira de 8 cm de ancho, 10 cm más larga
que la suma de los 4 lados (una las tiras
individuales a la longitud deseada con
una costura de 6 mm y luego planche
las costuras abiertas)

PATRONES

Trace o fotocopie el patrón de la punta
de estrella de la pág. 159 y traslade
el contorno a una cartulina.

MEDIDAS

20 bloques dispuestos en 4 filas
de 5 = 78 × 221 cm; adapte estas
dimensiones a la cama

NIVEL DE DIFICULTAD: 3

Esta colcha, perfecta para los días soleados de verano, es una adaptación contemporánea de un diseño clásico. Consiste en una sola capa de tela, ribeteada por el borde y adornada con un diseño repetido de estrellas de *patchwork* que son una variación del diseño «plato de Dresde» y, puesto que cada estrella se cose a un bloque cuadrado individual, el tamaño final puede ser tan grande o tan pequeño como se quiera.

1 Consultando el patrón, marque los dos puntos que indican la línea de costura en las esquinas superiores de las puntas de estrella.

2 Disponga ocho puntas de estrella formando una estrella. Enfrentando los derechos, sujete con alfileres la primera punta a la segunda a lo largo de un borde largo. Cósalas a máquina hasta llegar al punto marcado. Luego, haga unas cuantas puntadas hacia atrás para asegurar la costura y corte el hilo. Añada las otras seis puntas de la misma manera y, a continuación, una la primera y la última para terminar la estrella.

3 Planche todas las costuras abiertas y planche hacia atrás un doblez de 6 mm a lo largo de cada borde exterior.

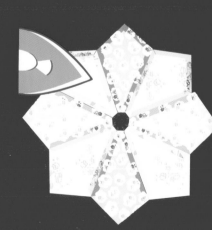

4 Remate el borde del cuadrado blanco con puntadas de sobrehilado o en zigzag. Plánchelo muy suavemente por la mitad y, luego, dóblelo y plánchelo de nuevo por la mitad, dividiéndolo y marcándolo en cuatro. Sujete con alfileres la estrella terminada al cuadrado, alineando los puntos con las líneas de pliegue. Cósala al cuadrado, a mano o a máquina, con puntadas de ojal o en zigzag estrechas.

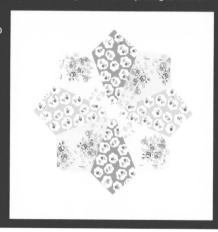

Sugerencia TODAS LAS ESTRELLAS DE LA COLCHA SON IDÉNTICAS, PERO SI EN CADA UNO DE LOS CUADRADOS

SE COSE UNA DISTINTA, HECHA CON OCHO ESTAMPADOS ELEGIDOS AL AZAR, SE OBTIENE UN DISEÑO NO MENOS LOGRADO.

Colcha
de estrellas

5 Trace el contorno del octágono sobre el lado de papel de la entretela, utilizando el patrón de la pág. 159. Plánchelo sobre el revés de la tela oscura y recórtelo cuidadosamente alrededor del contorno. Retire el papel trasero y coloque el octágono en el centro de la estrella. Plánchelo en su sitio y cosa a máquina alrededor del borde empleando hilo a juego con la tela. Repita esta operación con el resto de los cuadrados.

6 Extienda todos los cuadrados acabados y, enfrentando los derechos, únalos de modo que formen filas horizontales con una costura de 1 cm. Planche todas las costuras abiertas.

7 Enfrentando de nuevo los derechos, sujete el borde inferior de la fila superior al borde superior de la segunda fila, haciendo coincidir las costuras. Cosa a máquina y planche las costuras abiertas. Añada las demás filas de la misma manera.

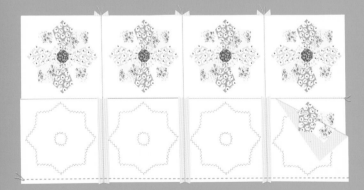

8 Planche un doblez de 1 cm a lo largo de un borde largo de la tira del ribete. Enfrentando los derechos y haciendo coincidir los bordes sin coser, sujételo con alfileres a lo largo del borde superior de la colcha, cortando los extremos de modo que queden alineados con la tela. Cosa a máquina y luego doble el borde doblado hacia atrás. Sujételo con alfileres para que el doblez quede a 3 mm más allá de la línea de puntadas. Cóselo a máquina en su sitio por la parte delantera, a lo largo de la línea de costura, entre la colcha y el ribete. Ribetee el borde inferior del mismo modo.

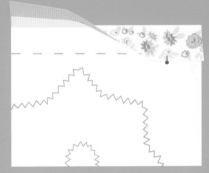

9 Para ribetear los bordes laterales, doble hacia dentro 1 cm en cada extremo de la tira de tela y sujétela con alfileres de modo que los dobleces sobresalgan 1 mm de los bordes. Cósala a máquina y dóblela del mismo modo que antes, y luego cósala por la parte delantera. Cosa los bordes de los dobleces con puntadas invisibles.

UNA ALTERNATIVA ECOLÓGICA A COMPRAR TELAS NUEVAS ES APROVECHAR

UNA SÁBANA BLANCA VIEJA, DE ALGODÓN O DE LINO, PARA LOS CUADRADOS DE LA PARTE TRASERA.

Colcha de pañuelos

MATERIALES

pañuelos estampados
sábana plana del mismo tamaño
   que la colcha terminada
hilo de coser a juego
máquina de coser
kit de costura

¿CUÁNTOS PAÑUELOS?

Los pañuelos tienen 50 cm de lado y necesitará 3 filas con 5 en cada una para una cama individual, 4 filas de 5 por fila para una cama de matrimonio, 5 filas de 5 por fila para una cama *king-size* y 6 filas de 5 por fila para una cama *super king-size*. Mida primero la cama y decida cuánto quiere que cuelgue la colcha a los lados, y luego redondee a los 50 cm más cercanos.

NIVEL DE DIFICULTAD: 2

Este pañuelo de rosas es demasiado bonito como para guardarlo en el bolso o en un bolsillo. Este diseño es una adaptación de una de mis telas, con un borde curvo profundo de flores, situadas alrededor de un ramo central. Es solo uno de una serie de pañuelos estampados. Me encanta cómo se crean nuevas formas nuevas con la repetición del mismo diseño (fíjese en la foto de la doble pág. anterior), pero esta técnica funciona igual de bien con una mezcla de diseños distintos.

1 Prepare los pañuelos retirándoles las etiquetas y, después, lavándolos y planchándolos. Si la sábana para la parte trasera de la colcha es nueva, lávela y plánchela para que no encoja en el futuro.

2 Junte los pañuelos en filas cortas con tres pañuelos o más en cada una de ellas. Sujételos con alfileres enfrentando los derechos y cósalos juntos a máquina a 1 cm del dobladillo. Planche las costuras abiertas.

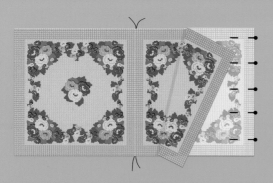

3 Coloque las dos primeras filas juntas a lo largo de un borde largo, enfrentando los derechos y alineando las costuras. Ponga un alfiler en cada punto de unión y luego sujete juntos con alfileres el resto de los bordes. Cosa y planche los pañuelos como en el paso anterior y continúe unir todas las filas.

4 Necesitará bastante espacio para este paso, ¡así que asegúrese de que el suelo esté limpio! Extienda y alise la sábana. Coloque los pañuelos boca abajo sobre la sábana, alineando ambos a lo largo de un lado y del borde inferior. Sujételos juntos de modo que los alfileres queden paralelos a los dobladillos y corte la sábana de manera que tenga el mismo tamaño que los pañuelos.

5 Cosa a máquina alrededor de toda la sábana, dejando un margen de costura de 1 cm. Deje una abertura de 50 cm a lo largo de un borde y vuelva la colcha del derecho por la abertura. Planche hacia atrás un doblez de 1 cm a cada lado de la abertura. Sujete juntas las dos capas con alfileres y cósalas con puntadas invisibles para cerrar la colcha.

Sugerencia SÉ QUE NO ES REALMENTE UN TRABAJO DE *PATCHWORK*, PERO UN SOLO PAÑUELO SIRVE PARA HACER UNA ESTUPENDA FUNDA DE COJÍN. ¡IMAGINE CÓMO QUEDARÍA UNA FILA ENTERA DE PAÑUELOS, CADA UNO CON UN ESTAMPADO FLORAL DIFERENTE!

Panel de cortina

MATERIALES

tela con estampado floral

tela de rayas para las tiras de separación
   y un poco más para el borde
   superior y los revestimientos

tela lisa

10 cm de cinta para el borde superior, del
   mismo ancho que la cortina terminada

ganchos de cortina

hilo de coser a juego

máquina de coser

kit de costura

NIVEL DE DIFICULTAD: 3

Al igual que algunos de los mejores trabajos de *patchwork*, esta cortina combina telas antiguas y nuevas. Se han cortado grandes trozos de tela con ramos de flores de mi extravagante tela de tapicería floreada y se han añadido tiras de separación procedentes de telas de franela *vintage* para camisas, puestas de relieve por pequeños cuadrados de tela de algodón roja. El panel no tiene forro, así que los diversos tejidos adquieren una maravillosa cualidad vítrea cuando se cuelga contra una ventana iluminada por el sol.

¿CUÁNTA TELA?

Primero tome medidas para encontrar el tamaño final de la cortina. La longitud será igual a la distancia entre la parte inferior de la barra de la cortina y el alféizar de la ventana o el suelo. El ancho será igual a una vez y media la longitud de la barra en el caso de un panel individual, o una vez y media la mitad del ancho para cada cortina en el caso de que sean dos.

Para la cortina necesitará 12 cm de tela lisa de 136 cm de ancho, 35 cm de tela de rayas de 136 cm de ancho y al menos 50 cm de tela floral de 148 cm de ancho por cada metro cuadrado (y si quiere incluir muchas telas muy floreadas, necesitará más).

Para los revestimientos, necesitará suficiente tela de rayas para hacer dos tiras de 8 cm de la misma profundidad que la cortina, una tira de 8 cm del mismo ancho y una tira de 12 cm del mismo ancho. Puede unir la tela según sea necesario para obtener la longitud requerida.

RECORTES

Corte la tela lisa en cuadrados de 8 cm y la tela de rayas en ocho rectángulos de 20 cm con las rayas a lo largo. Corte la tela floral en cuadrados de 20 cm, eligiendo distintas partes del diseño repetido para cada uno de ellos. Para aproximadamente 1 m² de *patchwork* hacen falta 16 cuadrados grandes, 28 tiras de separación rectangulares y 16 cuadrados pequeños.

1 Extienda todos los cuadrados grandes y reorganícelos de modo que los que tengan más estampados estén en el centro y haya un borde de hojas y ramitas. Añada los cuadrados y rectángulos para hacer las tiras de separación. Harán falta filas de tiras de separación en los bordes laterales e inferiores para enmarcar el panel, pero no se requieren para el borde superior.

2 Empiece por coser las filas horizontales de cuadrados y rectángulos, uniéndolos de dos en dos. Sujete con alfileres los extremos cortos juntos de cada trozo de tela, enfrentando los derechos. Luego, cósalos dejando un margen de costura de 1 cm. Puede acelerar el proceso cosiéndolos en cadena y luego cortándolos.

3 Junte estas partes, enfrentando de nuevo los derechos y con un margen de costura de 1 cm. Cosa el último cuadrado de cada fila al extremo del último rectángulo.

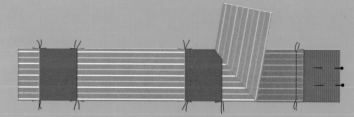

Sugerencia SI QUIERE HACER UNA CORTINA TAN GRANDE COMO LA MÍA, PROCURE JUNTAR TODOS LOS TROZOS

DE TELA EN UNA SOLA SESIÓN, O DÉJELOS ORDENADOS EN UN LUGAR EN EL QUE NO PUEDAN DESORDENARSE.

114

4 Planche todos los márgenes de costura de modo que queden hacia los rectángulos.

5 A continuación, junte los rectángulos verticales con los cuadrados grandes, en filas horizontales, dejando de nuevo un margen de costura de 1 cm. Empiece por el lado izquierdo de cada fila y una los trozos de tela de uno en uno. Cosa el último rectángulo de cada fila al borde derecho del último cuadrado.

6 Cuando una fila esté terminada, planche los márgenes de costura hacia los rectángulos.

7 Empezando por la parte inferior, cosa juntos los trozos de tela y las tiras de separación. Coloque las dos primeras filas juntas, enfrentando los derechos, de modo que el borde superior de las tiras de separación se extienda a lo largo del borde inferior de los trozos de tela. Coloque un alfiler en los puntos de unión de ambas costuras. Sujete con alfileres las esquinas y los espacios entre aquellos y, luego, cosa a máquina dejando un margen de costura de 1 cm. Planche la costura hacia las tiras de separación y una todas las filas del mismo modo.

Panel
de cortina

8 Corte una tira de 8 cm de la tela de rayas de modo que quepa a lo largo del borde inferior para hacer los revestimientos. Planche un doblez de 6 mm a lo largo de un borde largo. Sujete con alfileres el borde sin coser a la cortina, enfrentando los derechos, y cósalo a máquina dejando un margen de costura de 1 cm. Vuelva el revestimiento del revés, sujete con alfileres, hilvane el doblez, cósalo a máquina desde el lado derecho, cerca de la línea de costura larga, y plánchelo.

10 Corte una tira de 12 cm para el borde superior de la cortina, añadiendo 4 cm. Planche un doblez de 3 cm a lo largo de un borde largo. Sujete con alfileres el borde sin coser a la cortina, enfrentando los derechos, de modo que se extiendan 2 cm en cada extremo. Cosa a máquina a 1 cm del borde y planche la costura hacia el revestimiento.

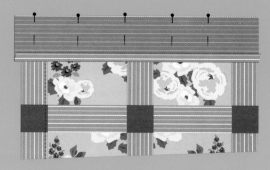

11 Planche la tela adicional alineándola con los bordes laterales.

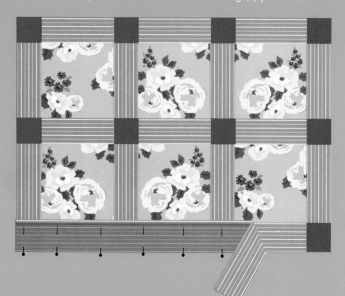

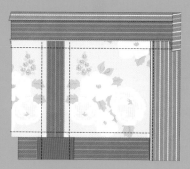

9 Remate los dos bordes laterales del mismo modo. Corte los revestimientos de manera que sean 2 cm más largos que las cortinas y cósalos de modo que esta tela adicional se extienda por debajo del borde inferior. Plánchelo, alineándolo con el dobladillo, antes de doblarlo hacia abajo y coser los revestimientos.

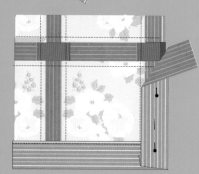

12 Planche 1 cm en cada extremo de la cinta del borde superior. Extienda los tres cordones de fruncido en ambos extremos, sujete con alfileres y cosa la cinta al borde superior de la cortina, de forma que este quede 2 cm por debajo del doblez y el borde inferior oculte la costura.

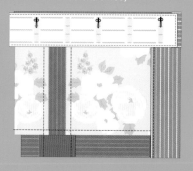

13 Frunza los cordones al ancho necesario y átelos con un nudo. Coloque los ganchos de la cortina y cuélguela.

Sugerencia AL CORTAR UNA TELA CON RAYAS TEJIDAS (NO ESTAMPADAS), CÓRTELA PRIMERO EN UNA TIRA LARGA, SIGUIENDO LAS RAYAS, Y LUEGO, CON AYUDA DE UN CORTADOR ROTATIVO Y UNA REGLA, CÓRTELA EN RECTÁNGULOS.

Mantel
de paños

MATERIALES

paños de cocina de lino y de algodón
bobina de hilo de coser grande
kit de costura
máquina de coser

MEDIDAS

Un paño de cocina medio mide 40 × 60 cm. En vez de hacer cálculos complicados, la mejor forma de averiguar cuántos paños necesitará es reuniendo todos sus paños viejos y extendiéndolos sobre una mesa, dejando un excedente de 50 cm en cada borde.

NIVEL DE DIFICULTAD: 1

Cuando miré en mi armario de la ropa blanca buscando una tela adecuada para mi nueva mesa de comedor, no encontré nada del tamaño necesario. Sin embargo, las pilas ordenadas de paños de cocina de lino, con sus inesperadas combinaciones de rayas y cuadros, me dieron una idea... ¡Aquí están los retazos más grandes del libro!

1 Elija el paño de cocina más pequeño y corte los bordes dobladillados y cualquier orillo. Puede hacer esto siguiendo las rayas tejidas o dibujando guías con un rotulador para tejidos y una regla grande para bordar.

2 Corte todos los demás paños al mismo tamaño, utilizando como patrón el paño pequeño. Sujételo con alfileres a los demás paños, de uno en uno, de modo que el diseño quede centrado, y corte los márgenes.

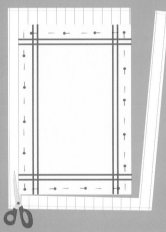

3 Remate el borde de cada uno de los paños cosiéndolo a máquina con puntadas anchas de sobrehilado o en zigzag. Le llevará un rato, pero merece la pena.

4 Despeje el suelo y disponga los paños en filas. Como con cualquier trabajo de *patchwork*, el objetivo es conseguir un buen equilibrio de color y diseño, así que tómase su tiempo para reorganizarlos hasta que quede satisfecho con la disposición.

5 Una las filas horizontales a lo largo de los bordes largos con una costura de 1,5 cm. Planche todas las costuras abiertas (así, las telas quedan más planas que si se planchan hacia un lado).

6 Sujete juntas con alfileres las dos primeras filas a lo largo de un borde largo, haciendo coincidir de modo exacto las costuras y las esquinas. Únalas con una costura de 1,5 cm y planche la costura abierta. Añada las demás filas de la misma manera.

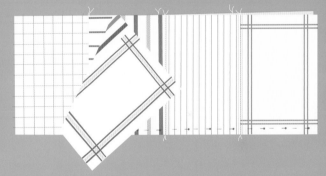

7 Planche un doblez de 1,5 cm alrededor del borde exterior de la tela terminada. Doble cada una de las esquinas en inglete (*véase* pág. 21), sujete con alfileres y cosa a máquina el dobladillo a 12 mm del doblez.

Sugerencia UTILICE UNA MEZCLA DE PAÑOS DE COCINA VIEJOS Y NUEVOS, PERO LÁVELOS EN LA

LAVADORA CON AGUA CALIENTE Y PLÁNCHELOS BIEN ANTES DE COSERLOS: PODRÍAN ENCOGER A RITMOS DISTINTOS Y DEFORMAR EL MANTEL.

Tope para puertas

MATERIALES

retazos de lona estampada o tela del peso
   de la tapicería
18 cm de cincha de 2,5 cm de ancho
20 cm de velcro de 2 cm de ancho
cuentas de plástico o 2 kg de arroz
   para el relleno
hilo de coser a juego
kit de costura
máquina de coser

RECORTES

de la tela estampada:
27 rectángulos de 6 × 10 cm
10 cuadrados de 6 cm
de la tela lisa:
2 rectángulos de 11 × 18 cm para la base

NIVEL DE DIFICULTAD: 2

El tope para puertas es uno de esos artículos indispensables para el hogar que a menudo se pasa por alto, pero no hay razón para que no sea decorativo. Mi versión en *patchwork*, en tonos rosa grisáceo, verde oliva y chocolate, combina lunares grandes, rosas y unas ramitas de flores. Este diseño nos muestra lo efectiva que puede ser una mezcla de tejidos con estampados de distinto tamaño si se limita a unos cuantos colores.

El margen de costura es de 1 cm. Planche todas las costuras abiertas después de coserlas.

1 Los cuatro laterales están hechos del mismo modo, con cinco rectángulos y dos cuadrados. Extienda las telas para el primer lado como se indica en el dibujo. Empezando por abajo, una los dos rectángulos. Después, en la parte superior izquierda, cosa los dos cuadrados a los rectángulos horizontales contiguos. Junte estas dos uniones horizontalmente y luego añada el rectángulo vertical al borde derecho. Añada los dos rectángulos unidos al borde inferior.

2 Dibuje un punto a 1 cm del borde superior e inferior en cada esquina para marcar los extremos de las líneas de costura.

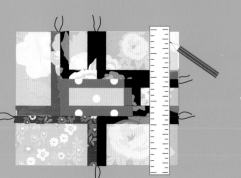

3 Enfrentando los derechos, sujete juntas con alfileres dos de las telas unidas a lo largo de un borde lateral, asegurándose de que ambas estén mirando hacia arriba y de que las costuras y las esquinas queden alineadas. Cosa a máquina entre los puntos de modo que quede abierto 1 cm en cada extremo de la costura. Añada las otras dos telas unidas y luego una los lados restantes.

4 La parte superior está hecha con los dos cuadrados y siete rectángulos restantes, dispuestos como se indica en la imagen de arriba. Primero cosa los dos rectángulos horizontales inferiores para unirlos y añada un rectángulo vertical en cada lado. Una los dos cuadrados a los rectángulos contiguos y, luego, cósalos juntos. Añada el rectángulo vertical al borde derecho y cosa las dos partes juntas.

Sugerencia SI UTILIZA ARROZ PARA EL RELLENO, FORRE EL TOPE CON UNA BOLSA DE PLÁSTICO GRANDE

Y SÉLLELA CON CINTA DE EMBALAJE. DE ESTE MODO, SE MANTENDRÁ SECA Y NO HABRÁ RIESGO DE HONGOS O MOHO.

Tope para puertas

5 Marque los extremos de las costuras del revés, como con los laterales.

6 Sujete con alfileres los dos extremos de la cincha centrados a los lados de la parte superior. Cósala a máquina a 5 cm del borde, haciendo dos o tres líneas de puntadas hacia atrás y hacia delante para reforzar.

7 Con el derecho hacia abajo, sujete con alfileres un borde de la parte superior al borde superior de uno de los laterales unidos. Cosa a máquina entre los puntos, realizando unas cuantas puntadas hacia atrás para reforzar ambos extremos de la costura. Una los otros tres bordes del mismo modo.

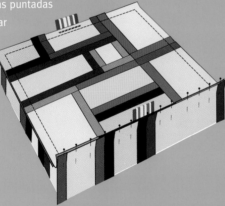

9 Marque los extremos de las costuras en las esquinas exteriores tal y como hizo con los laterales. Junte las dos partes para la base asegurándose de que los bordes superiores e inferiores midan 18 cm. Cósalas a la base del tope de la misma manera que cosió la parte superior del tope.

10 Corte un triángulo de 5 mm en el extremo de cada costura larga para reducir el volumen en las esquinas.

8 Planche un doblez de 1 cm hacia el lado derecho de un borde largo de una de las partes para la base. Sujete con alfileres el lado áspero del velcro sobre el doblez de modo que el borde derecho se extienda a lo largo del pliegue, y cósalo a máquina en su sitio. Planche el doblez de la otra parte para la base del revés y cosa el lado con ganchos del velcro sobre el doblez de la misma manera.

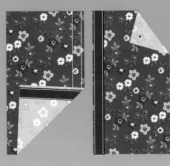

11 Abra el velcro y vuelva el tope del derecho. Saque con cuidado las costuras y las esquinas, rellene el tope con arroz o cuentas (utilice una cuchara grande) y vuelva a cerrar el velcro.

Sugerencia TUVE LA SUERTE DE ENCONTRAR UN TROZO DE CINCHA DE RAYAS DE LA LONGITUD ADECUADA PARA

EL ASA, PERO PUEDE HACER UNA IGUAL DE EFICAZ CON UNA TIRA DE TELA SIGUIENDO LAS INSTRUCCIONES DE LA PÁG. 21.

Puf de tartán

MATERIALES

3 telas de tartán de un mínimo
    de 1 m × 50 cm cada una
80 × 70 cm de tartán para la base
0,5 m² de cuentas de poliestireno
    en bolsa
54 cm de velcro
papel cuadriculado para costureros
hilo de coser a juego
máquina de coser
kit de costura

RECORTES

de las telas de tartán:
Corte las telas en tiras de 15 cm siguiendo
las líneas tejidas para mantener rectos los
bordes. Corte las tiras en trozos de distinta
anchura, variando desde 8 hasta 20 cm
de ancho
de la tela de tartán para la base:
Doble el patrón por la línea marcada
y utilícela como guía con el fin de cortar
2 partes para la base.

PATRONES

Haga un patrón de círculo dibujando
sobre papel patrón un círculo con 62 cm
de diámetro. Dibuje una línea de corte
para la parte de la base.

NIVEL DE DIFICULTAD: 3

El *patchwork* no solo consiste en estampados de florecitas:
los diseños geométricos más grandes tienen un efecto llamativo
y vigoroso, y me gusta mucho el resultado un tanto informal que se
obtiene al yuxtaponer las telas escocesas, el tartán y los cuadros.
Este confortable y mullido puf cuenta con una combinación de tres
tejidos que en un principio fueron mantas de pícnic de algodón.
Puede servir como un versátil asiento adicional o un útil reposapiés,
pero es tan cómodo que quizá se lo apropie la mascota de la casa...

El margen de costura es de 1 cm. Planche las costuras abiertas después de coserlas.

1 Para hacer el lateral, una los trozos
de tela en tres filas, cada una de 180 cm
de largo. Sujete juntos con alfileres los
bordes laterales y cósalos a máquina
dejando un margen de costura de
15 mm. Planche el margen de costura
hacia la derecha y cosa con puntadas
vistas a 3 mm de la línea de costura.

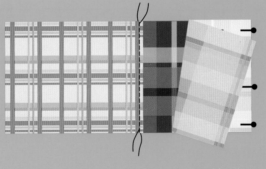

2 Enfrentando los derechos, sujete con alfileres el borde inferior de la primera tira al borde
superior de la segunda. Cósalos a máquina, dejando un margen de costura de 15 mm. Una la
tercera tira y planche los márgenes de costura hacia arriba. Cosa de nuevo con puntadas vistas.

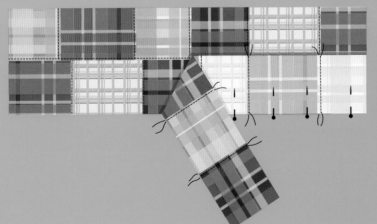

Sugerencia PODRÍA UTILIZAR ESTE DISEÑO DE CUADROS ÚNICO PARA RENOVAR UNA OTOMANA O UN PUF VIEJOS,

PERO IMAGINE LO ESTUPENDO QUE QUEDARÍA UN SILLÓN TAPIZADO DE *PATCHWORK* O, INCLUSO, UN SOFÁ.

Puf de tartán

3 Haga un trozo de *patchwork* parecido para la parte superior, con seis filas de 75 cm cada una. Sujete con alfileres el patrón de círculo, alineando el punto central con la costura del centro. Recórtelo cuidadosamente.

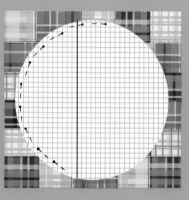

4 Una los bordes cortos del lateral hasta formar un cilindro y cosa la costura con puntadas vistas.

5 Coloque ocho alfileres alrededor del borde superior del cilindro a intervalos de unos 22 cm. Ponga ocho alfileres en el borde exterior del círculo, espaciados 24 cm.

6 Enfrentando de nuevo los derechos, sujete con alfileres la parte superior a los lados, haciendo coincidir primero los alfileres para que quepan juntos. Cosa a máquina alrededor de la parte superior, a 15 mm del borde.

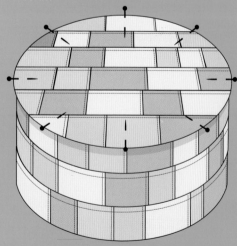

7 Planche un doblez de 2 cm a lo largo del borde recto de una de las partes para la base. Separe los dos lados del velcro. Sujete con alfileres el lado con ganchos a través del borde sin coser, a 5 cm del pliegue y dejando un espacio igual en cada extremo. Cosa a máquina alrededor de los cuatro lados, a 3 mm del borde.

8 Planche un doblez de 2 cm hacia el lado derecho de la segunda parte para la base y cosa por encima el otro lado del velcro del mismo modo que con la otra parte para la base.

9 Una las dos mitades de la base presionando las tiras de velcro juntas, pero meta una hoja de papel entre las dos partes, en el centro, para que pueda separarlas fácilmente más adelante. Sujete con alfileres la hoja de papel a la tela.

10 Una las dos mitades de la base presionando el velcro, pero introduzca una hoja de papel entre las dos partes en el centro, de manera que las pueda separar más tarde con facilidad. Sujete el papel con alfileres a la tela.

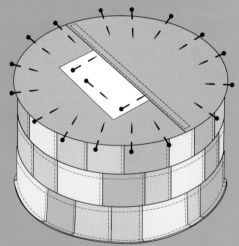

11 Quítele los alfileres al papel y abra el velcro. Vuelva la funda del puf del derecho y lidie con el relleno hasta que esté dentro de la funda. Puede que tenga que quitar algunas de las cuentas para que el puf quede más mullido. Cierre el velcro.

Sugerencia NO SE PREOCUPE DEMASIADO POR EL ORDEN DE LAS TIRAS: LA DISPOSICIÓN

AL AZAR DE LOS DISEÑOS LE DA A ESTE TIPO DE *PATCHWORK* UN ATRACTIVO ESPECIAL.

Paño de cocina

MATERIALES

tela estampada
paño de cocina liso
15 cm de cinta de topos
entretela termofusible
hilo de bordar de algodón trenzado
hilo de coser a juego con la cinta
kit de costura
plancha

NIVEL DE DIFICULTAD: 1

La decoración con apliques es una forma estupenda de reutilizar algunos de los retales que los acaparadores de tejidos no pueden evitar acumular, como esta tela para la cocina de la década de 1950 con nostálgicas imágenes domésticas. Encontré el fondo perfecto para las imágenes: un paño de cocina ancho de lino, con bordes de rayas. Pero me da la sensación de que ahora va a ser más un elemento decorativo que de uso cotidiano...

1 Elija los estampados de la tela decorada con apliques y recórtelos. Siguiendo las instrucciones del fabricante, aplique la entretela termofusible a los estampados por la cara adhesiva de esta. Utilice un trozo de papel de cocina para proteger la plancha.

2 Recorte cada uno de los motivos siguiendo las líneas curvas de sus contornos y dejando un margen de 6-10 mm de tela lisa a su alrededor. Despegue los papeles de la entretela.

3 Extienda los motivos sobre el paño de cocina, equilibrando las formas más grandes y rellenando los espacios entre ellas con las más pequeñas. Plánchelas en su sitio con una plancha caliente.

4 Ponga un borde de puntos de festón alrededor de cada uno de los motivos con tres hebras de hilo de bordar de un color a juego con el fondo.

5 Transforme la cinta en un lazo para colgar el paño de cocina doblándola por la mitad, plegando los extremos hacia dentro y cosiéndola a la esquina superior izquierda del paño.

Sugerencia LOS BORDES EN PUNTO DE FESTÓN PROPORCIONAN UN ACABADO ESTUPENDO A ESTOS APLIQUES, PERO SI LA PACIENCIA Y EL TIEMPO SON LIMITADOS, SIMPLEMENTE FÍJELOS A MÁQUINA CON PUNTADAS EN ZIGZAG DE COLOR CREMA.

Acerico con hexágonos

MATERIALES

un mínimo de 15 × 50 cm de tela de algodón
   con estampado floral

10 × 20 cm de tela de algodón rosa

hilo de coser a juego

relleno de poliéster

kit de costura

papel grueso para los patrones

NIVEL DE DIFICULTAD: 2

El sencillo diseño de este acerico, compuesto por dos partes en forma de rosetones hexagonales, ha sido un proyecto de iniciación para generaciones de amantes de la costura a mano. Le he dado un toque novedoso al hacer seis hexágonos florales idénticos, de modo que se crea un nuevo diseño repetitivo al juntarlos. Conocida entre los bordadores de colchas como «cortes precisos», esta técnica permite trabajar con tejidos de un modo diferente y sus posibilidades son infinitas. Empiece haciendo un diseño para la parte delantera y otro para la parte trasera y entenderá lo que quiero decir...

1 Recorte 14 hexágonos de papel, que servirán para forrar, siguiendo el contorno interior en la pág. 159. También tendrá que hacer un patrón de rosetón, que le ayudará a elegir los mejores motivos florales y a cortar formas precisas. Trace ambos contornos y luego corte alrededor de ellos para hacer un marco hexagonal.

2 Elija su motivo floral independiente favorito y coloque sobre él el patrón de rosetón. Trace una línea alrededor del exterior de este último y luego recorte el hexágono.

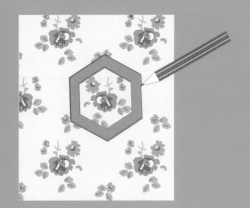

3 A continuación, recorte cinco hexágonos más con estampados iguales. La forma más sencilla de hacerlo es colocar con alfileres el hexágono original, de manera precisa, sobre un motivo parecido y luego cortar alrededor del borde exterior.

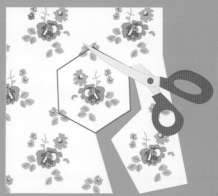

4 Siguiendo el borde exterior del rosetón, corte dos hexágonos grandes de color rosa para el centro de los rosetones hexagonales.

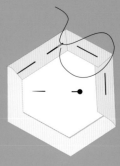

Sugerencia LA TÉCNICA DE «CORTES PRECISOS» ES FASCINANTE, PERO A VECES REQUIERE MUCHA TELA.

ASEGÚRESE DE TENER SUFICIENTE PARA HACER SEIS HEXÁGONOS IGUALES ANTES DE EMPEZAR A RECORTARLOS.

Acerico con hexágonos

5 Sujete con alfileres un patrón al centro de un hexágono rosa. Con el patrón hacia usted, doble la tela sobrante hacia delante a lo largo de un borde e hilvánela al papel. Doble los otros bordes, de uno en uno, cosiéndolos a medida que dobla la tela.

6 Cubra todos los patrones del mismo modo y luego dispóngalos en orden; compruebe que las flores de cada rosetón queden orientadas en la misma dirección.

7 Empiece por unir el centro al hexágono floral inferior. Sujételos juntos enfrentando los derechos y compruebe que el borde más interior del hexágono quede en la parte superior. Cosa dicho borde al hexágono rosa con pequeñas puntadas de sobrehilado, recogiendo unos cuantos hilos en el doblez de cada lado con cada puntada.

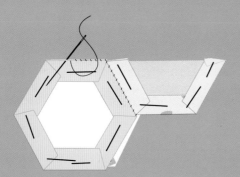

8 El siguiente hexágono a la derecha se coloca en el ángulo entre el central y el inferior. Compruebe que esté en la posición correcta y luego cósalo al primer hexágono floral. Dóblelo por la mitad y cosa el siguiente borde al hexágono central. Cose los otros cuatro hexágonos florales del mismo modo y luego haga el otro rosetón.

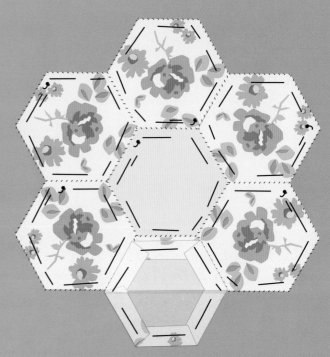

9 Sujete juntos con alfileres los dos rosetones terminados con los papeles hacia dentro y sobrehílelos juntos alrededor del borde exterior. Deje cinco lados sin coser en el borde inferior. Planche suavemente los bordes para fijar los pliegues. Retire los hilos del hilvanado y luego los patrones de papel (me temo que esta parte es un poquito complicada).

10 Rellene el acerico con el poliéster; ayúdese de un lápiz, de manera que el relleno llegue a las esquinas de los hexágonos y el acerico quede bien lleno. Sujete con alfileres la abertura y cosa cuatro de los lados. Rellene este último espacio y cosa la última abertura con puntadas invisibles.

Sugerencia   EL «PANAL DE *PATCHWORK*», UN DISEÑO ELABORADO CON MUCHOS HEXÁGONOS ENTRELAZADOS, HA SIDO

DURANTE AÑOS UNA DE LAS TÉCNICAS FAVORITAS PARA BORDAR COLCHAS, ASÍ QUE QUIZÁ ESTE PROYECTO LE INSPIRE A SEGUIR COSIENDO.

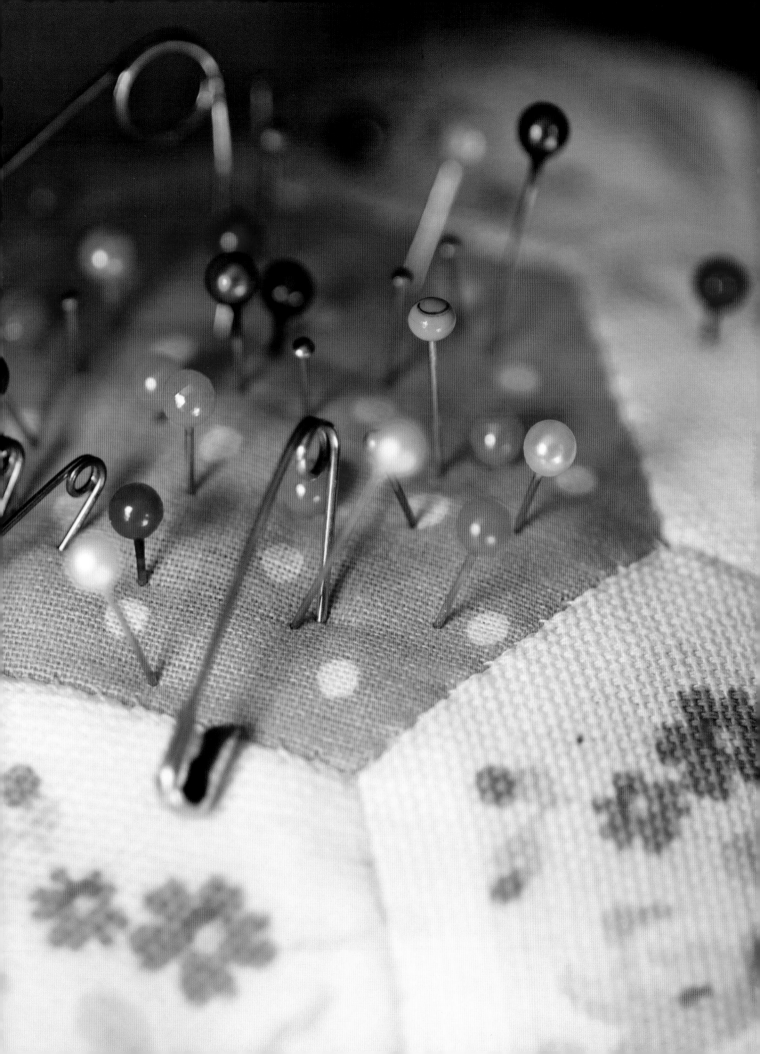

Cama para perros

NIVEL DE DIFICULTAD: 3

Ninguno de mis libros de costura estaría completo sin un papel protagonista para Stanley, mi querido terrier. Hasta ahora ha aparecido en forma de una funda para una bolsa de agua caliente, un puf y un parche bordado sobre cañamazo, y en este libro hasta cuenta con su propia versión de peluche (*véanse* págs. 100-103). Este, sin embargo, es el proyecto que sé que realmente va a disfrutar: una cama de *patchwork* lanosa y calentita.

1 Disponga las seis filas de trozos de tela siguiendo la imagen. La fila superior empieza por un trozo de tela B y luego tiene cuatro trozos de tela D, alternados con tres cuadrados A, y termina con un estrecho trozo de tela C. La siguiente fila tiene cuatro trozos de tela D, alternados con cuatro cuadrados A. Estas dos filas se repiten dos veces.

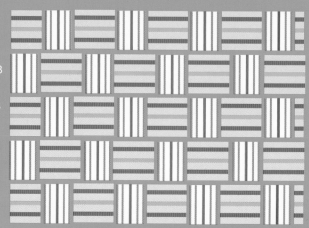

2 Una los trozos de tela de las filas horizontales con un margen de costura de 1,5 cm. Planche todos los márgenes de costura hacia los trozos de tela D y luego cosa las costuras con puntadas vistas para reforzarlas.

3 Cosa las filas juntas dejando de nuevo un margen de costura de 1,5 cm. Planche los márgenes de costura hacia abajo y cósalos con puntadas vistas. Corte una tira de 15 cm del borde superior y luego los otros tres bordes según sea necesario para igualarlos.

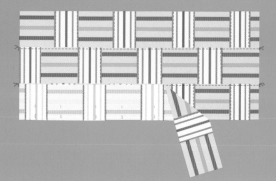

MATERIALES

manta de rayas ligera
retazos de ante o fieltro en pardo claro, marrón y rojo
hilo de bordar trenzado de algodón rojo
lápiz
90 × 60 cm de lona resistente
cremallera fuerte de 50 cm
hilo de coser a juego
máquina de coser
kit de costura
81 × 56 × 15 cm de relleno para la cama (http://www.onlineforpets.co.uk/water-resistant-rectangular-dog-cushion-navy-nylon.html)

RECORTES

de la manta:
(A) 21 cuadrados de 18 cm
(B) 3 rectángulos de 14 × 18 cm
(C) 3 rectángulos de 7 × 18 cm
tanto los cuadrados como los rectángulos de arriba deberán tener estampados de rayas iguales
(D) 24 rectángulos idénticos de 13 × 18 cm, con estampados de rayas diferentes
de la lona:
un rectángulo de 20 × 55 cm
un rectángulo de 63 × 55 cm

PATRONES

El perro Stanley (*véase* pág. 159)

Sugerencia ANTES DE EMPEZAR A COSER, LAVE LA MANTA Y LA LONA.

DE ESTE MODO, SI ALGUNA VEZ TIENE QUE LAVAR LA FUNDA, NO VOLVERÁ A ENCOGER.

Cama para perros

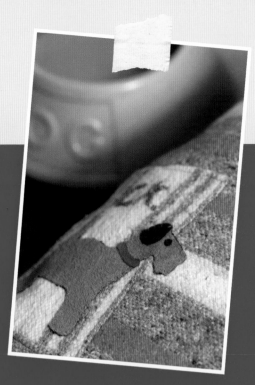

4 Las esquinas están cosidas en ángulo recto para dar mayor profundidad a la cama. Doble y sujete con alfileres los dos bordes de cada esquina, de una en una, de modo que formen un ángulo de 45°. Marque una línea vertical a 12 cm de las esquinas. A 1,5 cm del borde inferior, cosa a lo largo de las líneas marcadas y corte la tela sobrante a 1 cm de la costura.

5 Utilizando el patrón de la pág. 159, recorte, de fieltro o ante, un cuerpo de Stanley de color pardo claro, una oreja y un ojo de color marrón oscuro, así como un collar de color rojo. Sujete con alfileres el cuerpo a una de las esquinas inferiores de la cama, a 15 cm de los bordes, y cósalo con pequeñas puntadas de sobrehilado. Añada el collar, la oreja y el ojo. Escriba sus iniciales, o el nombre del perro, encima de este último y cosa por encima de las letras con punto de cadeneta, utilizando las seis hebras de hilo.

6 Planche un doblez de 1 cm a lo largo de un borde de 55 cm en cada uno de los trozos de lona. Hilvane estos bordes a ambos lados de la cremallera, dejando un espacio de 2,5 cm en cada extremo. Coloque el pie para cremalleras en la máquina de coser y cosa la lona a la cremallera, a 5 mm de los dientes. Hilvane los extremos inferiores de la cremallera y ábrala.

7 Enfrentando los derechos, sujete con alfileres el *patchwork* a la base, abriendo el margen de costura sin coser en las esquinas. El tejido de lana tiene más elasticidad que la lona, por lo que tendrá que mover cuidadosamente los bordes del *patchwork* de manera que encajen en la base. Cosa a máquina dos veces alrededor del borde exterior con un margen de costura de 1,5 cm.

8 Vuelva la funda del derecho, introduzca el relleno y cierre la cremallera. Hay más relleno que funda para darle a la cama un aspecto relleno y tapizado.

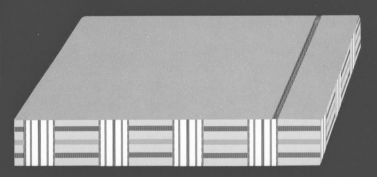

Cuadro de flores

MATERIALES

servilleta blanca adamascada y grande

paño de cocina de rayas

35 × 25 cm de tela de algodón blanca y lisa

30 × 20 cm de guata para acolchados

retazos de tela con estampados florales,
de cuadros y de rayas

tela de tapicería floral

tela de algodón verde lisa

entretela termofusible

botones

hilo de bordar trenzado de algodón,
de color verde, rojo y crema

kit de costura

máquina de coser

NIVEL DE DIFICULTAD: 2

Una de las cosas que más me gustan del *patchwork* y de la decoración con apliques es que tarde o temprano uno encuentra el uso perfecto para cualquier retazo de tela..., incluso el más pequeño. Si, como yo, le gusta acumular cosas, seguro que tiene guardados restos de telas, botones, hilos, cuentas y cintas que han sobrado de otros proyectos, y este impresionante cuadro de flores es una forma estupenda de ser creativo con ellos. Fíjese bien y hasta podrá ver los yoyós de tela de la rebeca de cachemira de la pág. 146.

1 Empiece haciendo el jarrón de *patchwork* «loco». Amplíe el patrón de la pág. 160 y sujételo con alfileres, centrándolo en la tela de algodón blanca. Trace alrededor del borde exterior y retire los alfileres. Rellene la forma trazada con telas para camisas y retales estampados ligeros, disponiéndolos de modo que quede completamente cubierta y las telas se superpongan 2 cm al contorno. A medida que avance, sujete los trozos de tela con alfileres.

2 Haga una línea de bordado decorativo sobre cada unión, utilizando tres hebras de hilo de color crema. He elegido el punto de mosca como alternativa al punto de pluma empleado en el cojín de retazos. En la págs. 28-29 puede ver cómo se realizan ambos puntos, además de los otros tipos de punto que empleo aquí: la puntada recta, el punto de cadeneta y el punto de pluma sencillo.

3 Utilizando el patrón como guía, recorte un jarrón de guata. Sujételo con alfileres, centrado, a la parte de atrás del jarrón de *patchwork* terminado y corte el margen a 1 mm. Haga pequeños cortes en V en las curvas y, luego, doble el margen sobre el borde superior y los bordes laterales e hilvánelo.

4 Sujete con alfileres el jarrón, centrándolo en un borde largo de la servilleta, y cóselo con puntadas invisibles. Corte una tira de 15 cm de uno de los bordes largos del paño de cocina de rayas, de la misma longitud que la servilleta. Enfrentando los derechos, sujétela con alfileres al borde de la servilleta y sobre la parte inferior del jarrón. Cosa la tira a la servilleta con una costura de 15 mm y luego planche la costura hacia las rayas.

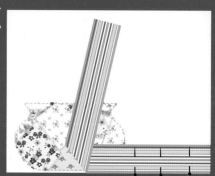

Sugerencia NUNCA HAY DOS CUADROS CON APLIQUES IGUALES, ASÍ QUE UTILICE MI DISEÑO COMO PUNTO DE PARTIDA

PARA SUS PROPIAS IDEAS. REBUSQUE EN SU COLECCIÓN DE TEJIDOS Y SAQUE INSPIRACIÓN DE LO QUE ALLÍ ENCUENTRE.

5 Elija las flores más bonitas de la tela de tapicería y recórtelas de forma aproximada. Siguiendo las instrucciones del fabricante, aplique la entretela con la plancha al revés de las flores recortadas y luego recorte bien alrededor del borde exterior de cada motivo.

6 Dibuje unas cuantas formas de hoja sencillas sobre el lado de papel de la entretela y aplíquela con la plancha a la parte de atrás de la tela de algodón verde. Recórtelas por las líneas de lápiz. Haga cuatro o más yoyós de tela, como en la pág. 147, y utilizando la entretela termofusible, recorte círculos de tela para la parte trasera de las hojas.

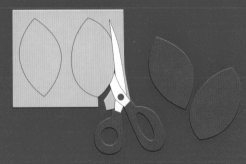

7 Ahora es hora de disponer las flores. Empezando por las más grandes, coloque las flores, las hojas, los círculos y los yoyós de tela por encima del jarrón y reorganícelos hasta quedar satisfecho con el diseño. Dibuje los tallos curvos con un rotulador para tejidos o un lápiz de tiza y luego retire el jarrón.

8 Retire los papeles traseros y planche las flores, las hojas y los círculos. Cosa con puntadas invisibles alrededor del borde de los yoyós.

9 Borde sobre las líneas de tallo con puntos de cadeneta de color verde y con puntadas diferentes alrededor del borde de las flores para dar textura al cuadro.

10 Cosa los botones a juego en grupos de tres para llenar los espacios entre los motivos y añada los otros botones a los centros de las flores.

Sugerencia LLEVE EL DISEÑO MÁS LEJOS COMBINÁNDOLO CON *PATCHWORK* COSIDO A MÁQUINA; PODRÍA AÑADIR UN BORDE

PROFUNDO DE CUADRADOS DE *PATCHWORK* Y UTILIZAR EL JARRÓN DE FLORES COMO LA DECORACIÓN CENTRAL DE UNA COLCHA PEQUEÑA.

Jersey con conejito

MATERIALES

tela con estampado floral

10 cm de cinta de 2 cm de ancho

hilo de bordar trenzado de algodón
de color negro y rojo

entretela termofusible

lápiz

kit de costura

NIVEL DE DIFICULTAD: 1

Las prendas de punto tejidas a mano tienen un encanto propio
y son mucho más atractivas que las tejidas a máquina. No he podido
resistirme a añadir un aplique de conejo floreado a este pequeño
jersey de cuello de pico, junto con una versión modernizada a juego
con el conejito de la clásica codera. Las coderas son puramente
decorativas, pero podría copiar la idea si alguna vez tiene
que tapar algún agujero de polilla o alguna zona desgastada.

1 Trace el patrón del conejo invertido de la pág. 158 y dos círculos
sobre el revés de la entretela adhesiva, y recorte alrededor
de los contornos. Retire los papeles de entretela.

2 Coloque el conejo en el centro de la parte
delantera del jersey. Utilice un paño
para proteger la lana del calor
y plánchelo en su sitio
con la plancha caliente.
Fije la entretela con la
plancha a los círculos
en la parte de atrás
de las mangas.

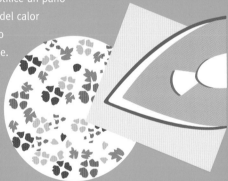

4 Para hacer el lazo, corte una tira de 7 cm de largo de la cinta.
Dóblela de modo que forme un lazo con los extremos en la parte de
atrás. Cosiendo a través de las tres capas, frunza el centro del lazo.
Doble el trozo restante por la mitad,
a lo ancho, y envuélvalo por la parte
fruncida. Cosa los extremos en el revés
del lazo y, por último, cosa el lazo
al conejo.

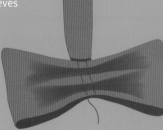

3 Utilizando tres hebras de hilo rojo, borde una línea de puntadas
de ojal de sastre (*véase* pág. 29) alrededor del borde exterior de
cada aplique. Cosa el ojo del conejo con puntadas satinadas negras
y, luego, añada otras
tres puntadas rectas
cortas para los
bigotes y unas
satinadas para
el hocico.

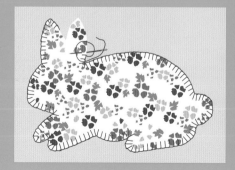

Sugerencia SI PREFIERE UTILIZAR CUERO SUAVE TRADICIONAL O ANTE PARA LAS CODERAS,

TENDRÁ QUE COSER CON UNA AGUJA TRIANGULAR ESPECIAL CAPAZ DE ATRAVESAR EL CUERO SIN PARTIRSE.

Peto con remiendos

MATERIALES

una prenda rota
retazos de dril de algodón o de tela vaquera
retazos de tela de algodón a topos
trozo pequeño de relleno para colchas
hilo de coser a juego
máquina de coser

NIVEL DE DIFICULTAD: 1

Aquí tiene otro ejemplo de parches funcionales, esta vez en las rodillas de un peto de bebé. Cuando empiezan a gatear, siempre son las rodillas las que sufren más desgaste, por lo que estos remiendos acolchados con coches de carreras taparán los desperfectos y, además, proporcionarán protección adicional. He añadido los dos parches con estampados de topos, recortados de viejos pañuelos, para añadir un poco más de color y diseño.

1 Repare las roturas o los agujeros. Desabroche los corchetes del interior de las perneras y cosa a máquina varias líneas de puntadas cercanas entre sí de un lado al otro de la abertura. Utilice la palanca de retroceso para hacer puntadas hacia atrás.

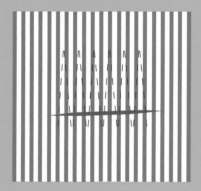

2 Corte dos cuadrados de 6 cm de las telas de topos y planche un doblez de 5 mm alrededor de los bordes de ambas telas. Corte dos cuadrados de 12 cm de la tela más gruesa (más grandes si tiene que tapar una rotura grande) y otros dos de 11 cm del relleno.

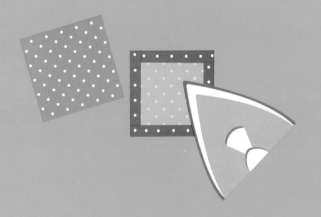

3 Coloque los parches grandes centrados sobre los zurcidos y los cuadrados de topos de modo que se asomen por detrás de los primeros. Disponga todos los parches y cosa a máquina los parches de topos con puntadas estrechas en zigzag de hilo a juego.

4 Coloque el relleno y sujete con alfileres los parches grandes sobre él. Vuelva a enhebrar la máquina de coser con hilo a juego y cosa los parches con puntadas en zigzag.

Sugerencia CUANDO ESTÉ HACIENDO UN PARCHE PARA REPARAR UNA PRENDA, ASEGÚRESE DE QUE TENGA UN PESO SIMILAR

AL DE LA PRENDA. YO HE UTILIZADO DRIL DE ALGODÓN PARA ESTE PETO DE LONA, PERO UNA TELA VAQUERA HABRÍA SERVIDO IGUAL DE BIEN.

Rebeca con yoyós de tela

MATERIALES

una rebeca

una selección de telas estampadas,
   (un cuadrado de unos 12 cm
   cada uno para los yoyós de tela)

un compás y papel

botones forrados

hilo de coser a juego

kit de costura

NIVEL DE DIFICULTAD: 1

Cuando estaba planeando la funda de cojín cuadrada de la pág. 88, todos los yoyós de tela estaban desparramados por mi escritorio. Me encantó la mezcla de telas y la forma en que se superponían, así que empecé a preguntarme si no habría alguna otra manera, menos formal, de utilizar estos apliques pequeños y bonitos. Se me ocurrió la idea de adornar una rebeca de cachemir con yoyós de tela en el cuello. Pase a la siguiente página para ver lo que hice después...

1 Corte un disco de papel de 11 cm de diámetro para utilizarlo como patrón. Empleándolo como guía, corte unos 35 círculos de las diferentes telas y transfórmelos en yoyós de tela, tal y como se muestra en la pág. 89.

2 Sujete con alfileres una línea de yoyós alrededor del cuello, por delante y por detrás, y disponga el resto de los yoyós a cada lado de la parte delantera para crear un diseño simétrico en el cuello. Superponga los bordes de unos cuantos yoyós y sujételos con alfileres. Dependiendo del tamaño y de la forma de la rebeca, quizá tenga que añadir un par de yoyós para llenar los espacios.

3 Cosa cada uno de los yoyós con una línea de puntadas rectas y pequeñas de hilo a juego. Tendrá que atravesar todas las capas en las que se superponen los yoyós.

4 Los detalles son los que hacen que algo sea realmente especial, así que, como toque final, sustituí los sencillos botones de la rebeca por unos pequeños forrados con los trozos sobrantes de la tela floral. Los kits de botones cuentan con instrucciones sobre cómo hacer esto.

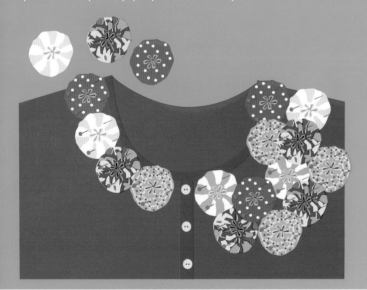

Sugerencia ELIJA UNA GAMA DE COLORES REDUCIDA PARA COMPLEMENTAR A LA REBECA. EN ESTE CASO, HE UTILIZADO RAYAS, TOPOS Y CUADROS EN TONOS ROSAS Y ROJOS, Y LUEGO HE AÑADIDO UNOS CUANTOS YOYÓS DE UNA TELA FLORAL A JUEGO.

Collar de yoyós de tela

MATERIALES

retazos de telas ligeras lisas y floreadas
hilo de coser a juego
una cadena larga o dos cortas
cinta adhesiva protectora
kit de costura

RECORTES

de la tela floreada:
1 círculo de 12 cm
2 círculos de 10 cm
2 círculos de 8 cm
de la tela lisa:
2 círculos de 12 cm
2 círculos de 8 cm

PATRONES

círculos de 8, 10 y 12 cm
de diámetro

NIVEL DE DIFICULTAD: 1

He aquí, por último, pero no menos importante, este collar de yoyós de tela, el accesorio perfecto para llevar con el vestido floreado de verano favorito o sobre un jersey liso. Se han utilizado trozos de viscosa crepé que dan a los yoyós un aspecto tridimensional, pero quedarían igual de bien con una tela floreada y una lisa.

1 Transforme los círculos de tela en yoyós, tal y como se hizo con la funda de cojín de la pág. 89. Colóquelos por tamaños decrecientes en forma de herradura, con el yoyó de tela floreada más grande en el centro.

2 Sujete unos yoyós a otros con alfileres en los puntos en que se superponen. Cósalos juntos con pequeñas puntadas, atravesando todas las capas de tela.

3 Deles la vuelta a los yoyós y coloque la cadena de modo centrada en la parte trasera, siguiendo la curva del collar. Asegúrela con trozos pequeños de cinta adhesiva protectora y, por último, cosa la cadena a la parte trasera de los yoyós.

Sugerencia EN LUGAR DE COSER LOS YOYÓS A LA CADENA, PODRÍA COSER UN TROZO ESTRECHO DE CINTA EN CADA EXTREMO: UNO DE RASO DE 3 MM DE ANCHO, POR EJEMPLO, O UNO DE TERCIOPELO DE DOBLE CARA PARA CONSEGUIR UN ASPECTO MÁS LUJOSO.

Tiendas
Cath Kidston

España

El Corte Inglés Diagonal
Av. Diagonal, 617
Barcelona
El Corte Inglés

Centro Comercial Sanchínarro
C/ Margarita de Parma, 1
Madrid

El Corte Inglés Puerto Banús
Ramón Areces, s/n
Puerto Banús, Marbella

Reino Unido

Aberdeen
Unit GS20,
Union Square Shopping Centre,
Guild Square,
Aberdeen AB11 5PN
01224 591726

Bath
3 Broad Street,
Bath BA1 5LJ
01225 331006

Belfast
24–26 Arthur Street,
Belfast BT1 4GF
02890 231581

Bicester Village Outlet Store
Unit 43a,
Bicester Village,
Bicester OX26 6WD
01869 247358

Birmingham – Selfridges Concession
Upper Mall,
East Bullring,
Birmingham B5 4BP
0121 600 6967

Bluewater
Unit L003,
Rose Gallery,
Bluewater Shopping Centre,
Kent DA9 9SH
01322 387454

Bournemouth
5–6 The Arcade,
Old Christchurch Road,
Bournemouth BH1 2AF
01202 553848

Brighton
31a & 32 East Street,
Brighton BN1 1HL
01273 227420

Bristol
79 Park Street,
Clifton,
Bristol BS1 5PF
01179 304722

Cambridge
31–33 Market Hill,
Cambridge CB2 3NU
01223 351810

Canterbury
6 The Parade,
Canterbury CT1 2JL
01227 455639

Cardiff
45 The Hayes,
St David's,
Cardiff CF10 1GA
02920 225627

Cheltenham
21 The Promenade,
Cheltenham GL50 1LE
01242 245912

Chester
12 Eastgate Street,
Chester CH1 1LE
01244 310685

Chichester
24 South Street,
Chichester PO19 1EL
01243 785622

Dublín
Unit CSD 1.3,
Dundrum Shopping Centre,
Dublín 16
00 353 1 296 4430

Edimburgo
58 George Street,
Edinburgh EH2 2LR
01312 201509

Exeter
6 Princesshay,
Exeter EX1 1GE
01392 227835

Glasgow
18 Gordon Street,
Glasgow G1 3PB
01412 482773

Guildford
14–18 Chertsey Street,
Guildford GU1 4HD
01483 564798

Gunwharf Quays Outlet Store
Gunwharf Quays,
Portsmouth PO1 3TU
02392 832982

Harrogate
2–6 James Street,
Harrogate HG1 1RF
01423 531481

Heathrow Airport Terminal 3
Retail Unit 3003,
First Floor
Heathrow Airport TW6 2QG
020 8897 0169

Heathrow Airport Terminal 4
Departure Lounge,
Heathrow Airport TW6 3XA
020 8759 5578

Heathrow Airport Terminal 5
Retail Unit 2043,
Gate Level
Heathrow Airport TW6 2GA
020 8283 7963

Jersey
11 King Street,
St Helier,
Jersey JE2 4WF
01534 726768

Kildare Village Outlet Store
Unit 21c,
Kildare Village,
Nurney Road,
Kildare Town
00 353 45 535 084

Kingston
10 Thames Street,
Kingston upon Thames KT1 1PE
020 8546 6760

Leamington Spa
Unit 5,
Satchwell Court,
Royal Priors Shopping Centre, Leamington
Spa CV32 4QE
01926 833518

Leeds
26 Lands Lane,
Leeds LS1 6LB
01133 912692

Liverpool
Compton House,
18 School Lane,
Liverpool L1 3BT
0151 709 2747

Londres – Battersea
142 Northcote Road,
Londres SW11 6RD
020 7228 6571

Londres – Chiswick
125 Chiswick High Road,
Londres W4 2ED
020 8995 8052

Londres – Covent Garden
28–32 Shelton Street,
Londres WC2H 9JE
020 7240 8324

Londres – Fulham
668 Fulham Road,
Londres SW6 5RX
020 7731 6531

Tiendas
Cath Kidston

Londres – Harrods Concession
Knightsbridge,
Londres SW1X 7XL
020 3036 6279

Londres – Marylebone
51 Marylebone High Street,
Londres W1U 5HW
020 7935 6555

Londres – Notting Hill
158 Portobello Road,
Londres W11 2BE
020 7727 0043

Londres – Selfridges
Oxford Street,
Londres W1A 1AB
020 7318 3312

Londres – Sloane Square
27 Kings Road,
Londres SW3 4RP
020 7259 9847

Londres – St Pancras
St Pancras International Station,
Londres NW1 2QP
020 7837 4125

Londres – Westfield London
Level 1,
Unit 1107,
Westfield Londres,
Londres W12 7GF
020 8762 0237

Londres – Westfield Stratford
Montifichet Road,
Queen Elizabeth Olympic Park,
Londres E20 1EJ
020 8534 9676

Londres – Wimbledon Village
3 High Street,
Wimbledon SW19 5DX
020 8944 1001

Manchester
62 King Street,
Manchester M2 4ND
0161 834 7936

Manchester – Selfridges Concession
1 The Dome,
The Trafford Centre,
Manchester M17 8DA
0161 629 1184

Marlborough
142–142a High Street,
Marlborough SN8 1HN
01672 512514

Marlow
6 Market Square,
Marlow SL7 1DA
01628 484443

Newbury
35 Middle Street,
Parkway Shopping,
Newbury RG14 1AY
0163 537213

Newcastle
136–138 Grainger Street,
Newcastle Upon Tyne NE1 5AF
0191 222 1677

Newcastle – Fenwicks Concession
Northumberland Street,
Newcastle Upon Tyne NE99 1AR
0191 232 5100

Norwich
21 Castle Street,
Norwich NR2 1PB
01603 633570

Nottingham
23 Bridlesmith Gate,
Nottingham NG1 2GR
01159 413554

Oxford
6 Broad Street,
Oxford OX1 3AJ
01865 791576

Reading
96 Broad Street,
Reading RG1 2AP
01189 588530

Salcombe
74 Fore Street,
Salcombe TQ8 8BU
01548 843901

Sheffield – Meadowhall
60 High Street,
Meadowhall Centre,
Sheffield S9 1EN
01142 569737

St Albans
Unit 4,
Christopher Place,
St Albans AL3 5DQ
01727 810432

St Ives
67 Fore Street,
St Ives TR26 1HE
01736 798001

Tunbridge Wells
59–61 High Street,
Tunbridge Wells TN1 1XU
01892 521197

Winchester
46 High Street,
Winchester SO23 9BT
01962 870620

Windsor
24 High Street,
Windsor SL4 1LH
01753 830591

York
32 Stonegate,
York YO1 8AS
01904 733 653

Para información actualizada de todas
las tiendas Cath Kidston, visite:
www.cathkidston.com

Agradecimientos

Me gustaría dar las gracias a todas las personas que han participado en la creación de este libro: a Elaine Ashton, Jessica Pemberton, Lucinda Ganderton y su ayudante Lis Gunner por hacer los proyectos; a Pia Tryde por sus inspiradoras fotografías, y a Anne Furniss, Helen Lewis, Lisa Pendreigh y Katherine Case, de Quadrille.

Cath Kidston

Título original:
patch!

Coordinación general: Elaine Ashton
Dirección editorial: Anne Furniss
Dirección artística: Helen Lewis
Dirección de proyecto: Lisa Pendreigh
Diseño: Katherine Case
Fotografía: Pia Tryde
Ilustraciones: Bridget Bodoano, Joy FitzSimmons
Proyectos y asesoramiento técnico:
Lucinda Ganderton, Jessica Pemberton, Lis Gunner
Comprobación de patrones: Sally Harding
Traducción: Tara Sheridan
Revisión técnica de la edición en lengua española: Isabel Jordana Barón
Coordinación de la edición en lengua española:
Cristina Rodríguez Fischer

Primera edición en lengua española 2014

© 2014 Naturart, S.A. Editado por BLUME
Av. Mare de Déu de Lorda, 20
08034 Barcelona
Tel. 93 205 40 00 Fax 93 205 14 41
E-mail: info@blume.net
© 2011 Quadrille Publishing Limited, Londres
© 2011 del texto, diseño y proyectos Cath Kidston
© 2011 de la fotografía Pia Tryde

I.S.B.N.: 978-84-15317-83-8

Impreso en China

Patrones

gallina

para:

la bolsa roja con gallinas (págs. 42-45)

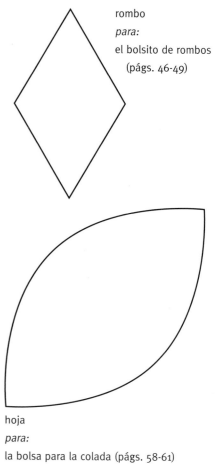

rombo

para:

el bolsito de rombos

(págs. 46-49)

hoja

para:

la bolsa para la colada (págs. 58-61)

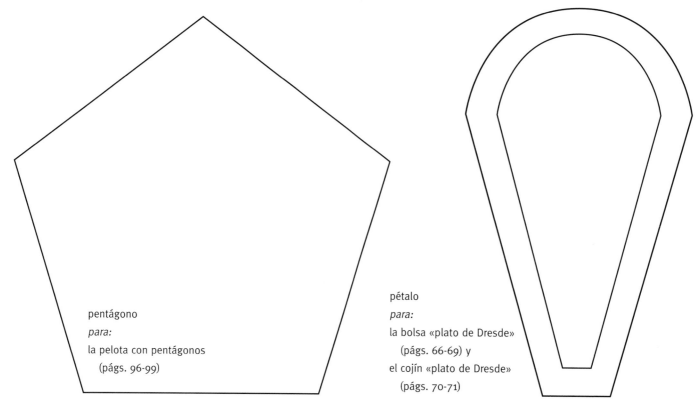

pentágono

para:

la pelota con pentágonos

(págs. 96-99)

pétalo

para:

la bolsa «plato de Dresde»

(págs. 66-69) y

el cojín «plato de Dresde»

(págs. 70-71)

oreja, hocico, cuadrado, rectángulo y triángulo
para:
el perro de trapo (págs. 100-103)

conejo y círculo
para:
el jersey con conejito (págs. 142-143)

conejo
para:
la manta con conejito
(págs. 104-105)